国家社会科学基金“十三五”规划2017年度教育学一般项目
“非营利性民办高校董事会独立性保障机制研究”（项目编号：BIA170173）研究成果

民办高校治理现代化研究丛书

民办高校董事会
独立性研究

周海涛 钟秉林 / 主编
刘永林 / 著

长江出版传媒 | 湖北教育出版社

图书在版编目（CIP）数据

民办高校董事会独立性研究 / 刘永林著；
— 武汉：湖北教育出版社，2023.12
（民办高校治理现代化研究丛书）
ISBN 978-7-5564-5631-4

Ⅰ.①民… Ⅱ.①刘… Ⅲ.①民办高校 — 董事会 — 研究 — 中国 Ⅳ.① G647.22
中国国家版本馆 CIP 数据核字 (2024) 第 011535 号

民办高校董事会独立性研究

MINBAN GAOXIAO DONGSHIHUI DULIXING YANJIU

出品人　方　平
责任编辑　邓珍珍　　责任校对　李庆华
封面设计　李　枫　　责任督印　刘牧原

出版发行　长江出版传媒　430070　武汉市雄楚大道 268 号
　　　　　湖北教育出版社　430070　武汉市雄楚大道 268 号
经　　销　新　华　书　店
网　　址　http://www.hbedup.com
印　　刷　湖北新华印务有限公司
地　　址　武汉市硚口区长风路 31 号
开　　本　710mm × 1000mm　1/16
印　　张　12
字　　数　160 千字
版　　次　2023 年 12 月第 1 版
印　　次　2023 年 12 月第 1 次印刷
书　　号　ISBN　978-7-5564-5631-4
定　　价　46. 00 元

高等教育强国建设的文化底蕴（代序）

周海涛

党的二十大明确提出中国式现代化的使命任务，开启了现代化的新篇章。在迈上全面建设社会主义现代化国家新征程、向第二个百年奋斗目标进军的关键时刻，优先建设高等教育强国，以高等教育现代化支撑国家现代化，是中国式现代化的题中之义。在世界高等教育的发展史上，现代化对一个国家高等教育改革发展有决定性作用。我国是后发国家，建设高等教育强国，要全面贯彻党的教育方针，落实立德树人根本任务，既要借鉴各国高等教育现代化的共性，更要彰显基于我国国情的特性，尤其要同中华优秀传统文化相结合，凸显独有的文化底蕴，创造高等教育现代化的新形态。

“有教无类”。高等教育支撑全体人民共同富裕的现代化，凸显着我国历史“立己达人”的文化传统，摆脱了西方现代化带来的发达国家与发展中国家之间以及国家内部的贫富差距局限。推进高等教育强国建设，传承我国古代的思想家教育家孔子“有教无类”思想，超越近代一些西方国家确定人人受教育机会平等的做法，既保障平等的受高等教育的机会和条件，也确保人人平等的受高等教育的权利和义务，并努力促进高等教育效果的相对均等。持续推进高考招生改革，完善高校管理和教育评价体系，全方位推进高等教育的起点公平、过程公平和结果公平。着力造就拔尖创新人才，努力培养造就更多大师、战略科学家、一流科技领军人才和创新团队、青年科技人才、卓越工程师、大国工匠、高技能人才。

“德才兼备”。高等教育支撑物质文明和精神文明相协调的现代化，凸显着我国历史“安身立命”“富而好礼”的文化底色，摆脱了西方现代化带来的知识与信仰之间的巨大矛盾及其引起的信仰道德危机。推进高等教育强国建设，传承我国教育史上培养“德才兼备”“君子”的思想，超越西方国家一些高校偏重科学教育抑或偏重人文教育的做法，培养德智体美劳全面发展的社会主义建设者和接班人。坚持为党育人、为国育才，全面提高人才自主培养质量，引导大学生爱党报国、敬业奉献、服务人民。引导大学生认真学习和了解祖国的历史尤其是近代以来的历史，从中华民族站起来、富起来、强起来的历史进程中认清中国共产党和中国人民选择中国特色社会主义道路的历史必然性，探究人民在这一进程中所形成的强烈的民族自尊心、自豪感。自觉将自己的人生理想、职业理想同共产主义远大理想和中国特色社会主义共同理想统一起来，在服务人民、奉献祖国、实现中华民族伟大复兴中国梦的历史实践中实现自我价值，用实际行动践行“四个自信”。

“中和位育”。高等教育支撑人与自然和谐共生的现代化，凸显着我国历史“天人合一”的文化传统，摆脱了西方现代化在经济高速发展中对自然的巨大破坏的瓶颈。推进高等教育强国建设，传承我国儒家经典《中庸》的“致中和，天地位焉，万物育焉”以及“安其所”“遂其生”的理念——即“中和位育”思想，超越西方国家高等教育教学中一些绝对化、碎片化、极端化的做法，提供与良好的生态环境和社会持续发展相适应的高等教育正能量。确立“创新、协调、绿色、开放、共享”的新发展理念和人与自然和谐共处的基本方略，统筹职业教育、高等教育、继续教育协同创新，加强人才自主培养、科研自立自强、学科队伍建设的创新，持续协调高等教育的区域布局、结构比例和供需匹配度，强化自身内涵式发展和生态文明教育与实践的正向循环，把握国内国际两个大局、建设中国特色世界一流的高等教育体系，坚持人民至上的根本要求，彰显共建共享、提供惠及全民的优质教育服务，进一步优化高等教育内外生态环境。

“美美与共”。高等教育支撑走和平发展道路的现代化，凸显着中国历史“天下一家”的文化传统，摆脱了过去西方依靠战争、扩张实现现代化的老路。推进高等教育强国建设，传承我国数千年的历史实践中创造和延续的“天下”情怀，儒家的“大道之行，天下为公”的理想、法家的“以天下之财，利天下之人”的主张以及道家的“天下大同”“以和为美”的境界，古人一以贯之的“美美与共”文化逻辑，超越了西方一些国家高等教育领域的西方至上、其他国家高校低人一等的价值观以及设置“小院高墙”的做法，以更加包容和开放的心态来共建高等教育共同体。探索并发挥世界高等教育现代化进程中每一种模式的重要角色，发挥独特的作用，努力将古老的中华文明在新时代通过创造性转化和创新性发展在高等教育领域得到继承和弘扬，也与世界各国高等院校交流互鉴、交融合作，处理好古今中外的辩证关系，做出承载全人类共同价值的高等教育贡献。

（作者系北京师范大学教育学部教授）

目　录

第一章

导　论

第一节　研究内容与价值

2016年新修订的《中华人民共和国民办教育促进法》（简称新《民促法》）明确了建立对民办学校的决策机构的监督机制、举办者参与学校办学与管理和建立信息公示制度的原则性规定，《国务院关于鼓励社会力量兴办教育　促进民办教育健康发展的若干意见》（简称《国务院三十条》）明确在民办学校中“优化董事会成员构成”“探索实行独立董事（理事）、监事制度”等方向性要求，旨在从民办学校的顶层设计上破解原《中华人民共和国民办教育促进法》（简称原《民促法》）及2004年《中华人民共和国民办教育促进法实施条例》（简称《实施条例》）中关于民办学校董事会制度安排不足及民办学校办学实践中举办者控制型董事会偏离公益性的关键问题。

当前，亟待各级教育行政主管部门、民办高校等，以新《民促法》及其配套政策正式实施为契机，在新《民促法》及其配套政策支持的以独立性为核心特征的董事会制度框架下，致力于以公益性为目标，提出进一步增强民办高校董事会独立性的建议，从而推动新法的实施、支持政策创新，有效实现董事会整体独立决策和董事个人独立行权的制度价值，助力举办者控制型董事会向以独立性为核心特征的董事会转型。笔者以复合的多视角研究，重新审视董事会的功能与地位，试图提炼董事会独立性的价值内涵，发掘董事会独立性生成机理及其制度基础，构建以独立性为核心特征的民办高校董事会制度理论基础，进一步丰富和深化董事会制度理论。

一、相关研究的学术史梳理

分类管理背景下，民办高校包括营利性民办高校和非营利性民办高校。在分类管理过渡实施阶段，根据新《民促法》和公司法等法律法规，已有的民办高校选择登记为营利性民办高校，需要依法进行组织形态的转变，履行营利法人转设手续，或者新设立的营利性民办高校，是指举办者可以取得办学收益，学校的办学结余依照公司法等有关法律、行政法规的规定处理，国家机构以外的社会组织或公民个人，利用非国家财政性经费，面向社会举办的具有学历教育招生和颁发毕业证书资格的大学、学院及其他高等教育机构。而非营利性民办高校则较为复杂，指的是举办者不得取得办学收益，学校的办学结余全部用于办学，国家机构以外的社会组织或公民个人，利用非国家财政性经费，面向社会举办的具有学历教育招生和颁发毕业证书资格的高校及其他高等教育机构，包括依据新《民促法》设立的非营利性民办高校、已有的捐资举办的民办高校和投资办学不要求合理回报的民办高校三种类型。

董事会问题是民办高校（私立大学）法人治理结构中的核心问题，但是目前董事会问题的系统性研究不多，也尚未发现有对民办高校的董事会独立性问题的专门性研究文献。本研究的相关研究内容主要分布在民办学校（高校）治理研究中涉及董事会的研究和专门以董事会为主题以及其他相关主题的研究，例如关于作为董事会当然成员的举办者、党组织的研究，以及关于董事会外部监督中监事（会）、信息公开等研究。笔者以中国知网为主，结合万方和维普等数据库查找包含上述研究主题的研究情况，发现以往研究主要集中在以下五个方面。

（一）关于原《民促法》及其《实施条例》背景下民办高校董事会运行情况的一般性研究

学者大多认为，多数民办高校董事会决策缺乏独立性，基本偏离公益性方向。[1] 我国民办高等教育诞生于家族管理，法律规定民办高校控制权属于董事会，但是现实当中“家族化”治理现象非常严重，董事会沦为少数人控制学校谋利的工具，基本偏离公益性方向。有学者对 212 所民办高校的举办者在学校任职情况做了调查，发现 83% 的举办者担任董事长或者同时身兼决策机构和行政管理领导者，并认为我国大部分民办高校董事会属于举办者控制型董事会。[2]

如何有效增强民办高校董事会的独立性，进而保证民办高校的公益性方向，成为当前一个重要课题。举办者控制型董事会的特征，是由外部制度的

① 部分学者的研究文献：周海涛，钟秉林．中国民办教育发展报告 2013-2015[M]. 北京：北京师范大学出版社，2014-2016；钟秉林．科学谋划　励精图治　创建高水平民办大学——我国民办高等教育改革与发展探析（七）[J]. 中国高等教育，2012（2）：28-30；庞丽娟．关于教育供给侧结构性改革的思考和建议 [J]. 教育文化论坛，2016，8（6）：143；劳凯声．民办学校分类管理的问题及其解决途径 [J]. 教育学报，2016（5）：3-13；周海涛．以深化综合改革增强民办教育发展活力 [J]. 教育研究，2014（12）：109-114；周海涛，施文妹．完善民办高校法人治理结构的难题与策略 [J]. 江苏高教，2015（ 4 ）13-16；洪成文．高等教育未来发展的蓝图、指标与实现途径——兼论高等教育发展与中国梦 [J]. 中国高教研究，2013（7）：15-18；余雅风．公共性：民办学校立法分类规范的分析基础 [J]. 教育研究，2018，39（3）：103-109；阎凤桥．试析我国民办学校的产权形式和治理结构——基于对非营利性组织特征的分析 [J]. 教育研究，2006（2）：41-46；胡卫．民办教育的发展与规范 [M]. 北京：教育科学出版社，2000；湛中乐．民办教育法治理论与实践 [M]. 北京：中国法制出版社，2016；徐绪卿．我国民办高校内部管理体制改革和创新研究 [M]. 北京：中国社会科学出版社，2012；吴华，蒋新峰．“教育民营”的一种制度演进路径分析——在公立中小学建立董事会制度的初步思考 [J]. 教育理论与实践，2003（12）：45-48；胡卫．中国民办教育发展现状及策略框架 [J]. 教育研究，1999（5）：68-74；王一涛，刘继安，王元．我国民办高校董事会实际运行及优化路径研究 [J]. 教育研究，2015（10）：30-36；卢彩晨．家族式民办高校：控制权结构演进与可持续发展 [J]. 国家教育行政学院学报，2012（10）：37-40；龚怡祖．大学治理结构：现代大学制度的基石 [J]. 教育研究，2009（6）：22-22；董圣足，黄清云．我国民办高校董事会制度的重构——基于 45 所民办院校的调查分析 [J]. 黄河科技大学学报，2010（4）：6-11；郭建如．民办高等教育的市场化与民办高校的组织管理特征——以陕西民办高等教育为例 [J]. 高等教育研究，2003（4）：68-74；谷力．我国民办学校董事会存在的问题及重构思考 [J]. 教育发展研究，2005（18）：47-50；王文源．中国民办学校组织化建设探讨 [J]. 教育发展研究，2005（24）：35-40；张文国．我国民办学校董事会制度的缺陷及完善——从中外比较的视角分析？ [J]. 广西政法管理干部学院学报，2013（2）：34-39.

② 王一涛，刘继安．中国民办高校董事会规范结构和行为结构偏差的实证分析 [J]. 复旦教育论坛，2015（4）：75-81.

规范性和资源获得的单一性特征所决定的，其突出特征是法人属性不清以及有效的决策监督机制缺失。① 举办者控制、家族化管理与公益性在一定程度上相互矛盾，不符合我国民办高校发展的格局和高质量发展的理念。② 如何将民办高校从举办者的占有与控制中独立出来，保证民办高校办学的公益性方向，是关系我国民办高等教育发展的一个深层次问题。③

（二）关于原《民促法》及其《实施条例》背景下民办高校董事会制度的具体性研究

关于董事会章程的研究。应当完善董事会议事章程，规范运行程序，加强会议召开、议事和决定程序的规范性、严肃性、公开性和透明性。④ 董事会章程一般应包括成立董事会的依据和目的，董事会职责、规模和人员构成，董事资格、选拔、任期，组织结构和各委员会职责，各种人员产生程序、职责和任期，会议制度，董事会与校长的关系，学校主要负责人遴选等；董事会依据董事会章程规定开展各项工作。⑤

关于董事会成员构成及相关研究。学校组织控制权由董事会掌握，学校治理结构安排中最核心的问题就是董事会成员的构成。当前，我国民办高校董事会人员普遍偏少，大多不超过 10 人，且人员构成单一。⑥ 完善董事会成员构成、产生办法、议事规则等规定，探索建立董事资格制度和职位保障制度，并健全董事义务和责任制度，促使董事尤其是非出资人董事勤勉尽责，

---

① 阎凤桥．试析我国民办学校的产权形式和治理结构——基于对非营利组织特征的分析 [J]. 教育研究，2006（2）：41-46.

② 徐绪卿．新常态下民办高校发展的着力点 [J]. 中国高教研究，2016（2）：67-69.

③ 卢彩晨，李士伟．中国民办高校倒闭的背后 [J]. 教育与职业，2007（7）：30-34.

④ 周海涛，施文妹．完善民办高校法人治理结构的难题与策略 [J]. 江苏高教，2015（7）：13-16.

⑤ 谷力．我国民办学校董事会存在的问题及重构思考 [J]. 教育发展研究，2005（18）：53-56.

⑥ 张文国．我国民办学校董事会制度的缺陷及完善——从中外比较的视角分析？ [J]. 广西政法管理干部学院学报，2013（2）：34-39.

以警示和规范董事行为。[①]

关于外部（独立）董事研究。目前董事会中社会名人等其他董事扮演顾问角色，其头衔多是荣誉性的，基本上成了应付法律规定的制度化形式。亟待优化董事会成员结构，增加来自外部的专业人士数量，控制举办者及其代表比例在三分之一以内，[②]探索建立独立董事制度，吸纳教育、法律专家等出任独立董事。[③]

关于党组织参与决策的研究。多数民办高校党委书记由政府派驻的督导专员兼任，党委书记可视为政府（公众）代表。[④]民办高校督导专员如何尽好“督”“导”职责，发挥其应有作用，在理论研究和实践层面存在继续探索的空间。[⑤]

关于董事长的研究。学者对 212 所民办高校调查显示，举办者兼任校长的现象非常普遍，22.2% 的创办者担任或兼任校长。[⑥]在举办者拥有对董事会的控制地位且担任或兼任校长的情况下，所谓的“董事会领导下的校长负责制”仅仅是加强了举办者的权力而已。实践表明，要真正做到科学决策和民主管理，就必须实现决策权与执行权的有效分离。[⑦]

---

① 黄清云，董圣足．抓住五个环节　建立健全民办高校决策制度 [J]. 中国高等教育，2009（20）：48-49.

② 张文国．我国民办学校董事会制度的缺陷及完善——从中外比较的视角分析？[J]. 广西政法管理干部学院学报，2013（2）：34-39.

③ 周海涛，施文妹．完善民办高校法人治理结构的难题与策略 [J]. 江苏高教，2015（7）：13-16.

④ 王一涛，刘继安，王元．我国民办高校董事会实际运行及优化路径研究 [J]. 教育研究，2015（10）：30-36.

⑤ 徐绪卿．民办高校内部管理体制改革若干问题探析 [J]. 中国高教研究，2010（5）：56-59.

⑥ 王一涛，刘继安．中国民办高校董事会规范结构和行为结构偏差的实证分析 [J]. 复旦教育论坛，2015（4）：75-81.

⑦ 胡卫．促进民办教育健康稳定可持续发展 [J]. 上海教育，2010（18）：60.

（三）关于原《民促法》及其《实施条例》背景下民办高校董事会内部配套制度研究

关于监事（会）的研究。监事会独立于董事会，其职责是对董事会的决策程序及董事、校长进行监督，防止民办学校管理和运行的失范。① 当前，我国民办高校的监督机构不健全，监督机制未建立，力量十分薄弱，利益相关者的权益得不到保障。建立健全监事会制度，提高监事会地位，明晰监事会监督职权范围，保障其独立行使监督职权和增进监督实效，应该成为健全民办高校内部管理体制的重要内容。②

关于信息公开的研究。有学者经调查发现，100 所民办高校的官网虽然都详细介绍了本校领导班子成员，但只有 8 所民办高校在官网上公开了董事会成员构成，除了成员构成，董事会实际运作也缺乏透明与公开，不能反映各方利益诉求。③ 为保障教育消费者合法权利和民办学校办学自主权，应当强化民办学校信息披露制度。④

（四）关于新《民促法》及其配套政策实施背景下完善董事会相关制度的必要性研究

新《民促法》及《国务院三十条》已明确规定保障董事会独立性的纲要性内容。多数学者认为，新修订的《民促法》亟待从中央到地方以及民办高校自身，系统制定相关新规则和修订已有的旧规则，使制度体系完备和自洽，主要包括各省一级配套政策创新、选择登记过渡阶段政策创新以及民办教育法治体系建设。⑤

---

① 胡卫 . 促进民办教育健康稳定可持续发展 [J]. 上海教育，2010（18）：60.

② 徐绪卿 . 民办高校内部管理体制改革若干问题探析 [J]. 中国高教研究，2010（5）：56-59.

③ 杜志宏 . 论我国民办高校的信息公开问题——基于百所民办高校官网的分析 [J]. 浙江树人大学学报（人文社会科学版），2015（3）：6-10.

④ 吴华 . 新法实施的担忧与期待 [J]. 教育与经济，2016（6）：5-6.

⑤ 董圣足 . 我国民办教育治理制度：变革与创新 [J]. 华东师范大学学报（教育科学版），2017，35（6）：18-26+152-153.

以新《民促法》及其配套政策实施为契机，建立健全董事会独立性保障机制。新常态下高等教育大幅扩张的时机不再，学校发展的核心竞争力将成为衡量学校能否可持续发展的根本因素。董事会是民办高校的核心部分和指挥中心，是核心竞争力所在。[①] 当前，我国已经进入民办高校领导权代际更替高潮期，完善董事会成员结构和决策机制，是确保民办高校实现可持续发展的重中之重。在分类管理实施中，鼓励各地结合各自实际创新实践，[②] 并进入到加快以法治思维和法治方式推进民办教育治理的新阶段。国外私立教育发展的经验表明，建立健全董事会内外部制度并充分发挥其作用，可以避免举办者控制董事会，保证民办高校公益性方向。

（五）关于公司董事会独立性及其主要制度研究

董事会是公司治理结构的核心，董事会能否发挥应有作用，关键在于其是否具有独立性和公正性。[③] 上市公司中强制性引入独立董事制度安排，其目的之一就是提高董事会的独立性；引入独立监事制度，从根本上保证监事会的独立性和客观性，强化监事会对董事和经理的监督职能。[④]

二、研究内容

对照原《民促法》及其《实施条例》背景下有关董事会的制度设计及运行逻辑，通过文献研究和实证研究，笔者全面考察民办高校董事会运行，持续跟踪法律实施情况，认为原《民促法》董事会制度设计存在不足，举办者控制型董事会偏离公益性。结合新《民促法》及其配套政策中以独立性为核

① 王文源．中国民办学校组织化建设探讨 [J]. 教育发展研究，2005（24）：34-40.
② 吴华．我国民办教育发展的地方政策主导模式分析 [J]. 教育发展研究，2009，29（8）：11-16.
③ 李健．董事会独立性分析 [J]. 清华大学学报（哲学社会科学版），2000（3）：34-41.
④ 郭放，韦小泉．独立监事是否起到了监督的作用？——基于盈余质量的视角 [J]. 会计之友，2015（18）：29-33.

心特征的董事会制度框架设计，拟定民办高校董事会独立性的生成制度、董事会独立性的配套制度和制度环境以及保障机制建议四个主要研究内容。

（一）民办高校董事会独立性的生成制度研究

基于董事会独立性生成机理及其制度基础的前期研究，笔者认为以下三个方面的制度设计对董事会独立性的生成至关重要。

第一，独立董事制度。全面梳理公司独立董事制度的历史源流、得失利弊，以及上市公司董事会引入独立董事所发挥的作用及其不足，重点关注独立董事在营利性法人与非营利性法人不同运行环境可能产生的问题，有效论证非营利性民办高校引入独立董事制度的必要性和可行性，定位独立董事制度功能，建立权责配置、选任机制、运行机制、保障机制等。

第二，举办者相关制度。对于大多数现存的非营利性民办高校而言，在投资办学环境向捐资办学环境的转换中，生成举办者控制型董事会的旧制度惯性力量会继续发挥作用。大部分举办者控制型民办高校，需要在学校章程中明确举办者权责，在董事会章程中主要明确其作为董事的义务与责任及参与机制。

第三，党组织参与决策制度。《国务院三十条》明确“民办高校党组织负责人兼任政府派驻学校的督导专员”，党组织负责人兼督导专员是董事会当然成员。重点关注党组织负责人兼督导专员作为董事会成员方面的义务与责任以及参与机制，其核心在于党组织负责人兼督导专员在把握办学方向、监督办学、指导办学与办学决策之间不同行为的界定或角色的认定。

（二）民办高校董事会独立性的配套制度研究

独立监事制度或者建立有独立性的监事会，以及健全董事会决策公开制度，是外部保障董事会独立性的关键制度。

第一，独立监事制度。参照独立董事制度研究路径，充分论证非营利性民办高校引入独立监事制度的必要性和可行性，定位其功能与作用，建立权责配置、选任机制、运行机制、保障机制等制度。独立监事既监督决策又监督管理，作为董事会独立性保障制度，重点关注并侧重于对董事会监督的职责研究。重视公司治理中独立监事与独立董事之间关系及其职责“重叠”或“不清”等问题研究，避免制度借鉴可能发生的“水土不服”和制度失灵。

第二，信息公开制度。在学校信息公开制度中必须重点突出董事会的信息公开，包括董事会的成员、资格条件、选任、运行以及待遇保障等方面公开，尤其是涉及重大事项的决策过程、利益相关者的参与及结果的公开等，有效保证董事在独立意志之下履行职责、董事会在学校整体利益下独立决策。

（三）民办高校董事会独立性的制度环境研究

分类管理背景下，“新法新政”中确立的董事会独立性价值取向，有一系列宏观政策与制度架构支撑，未来也需要更多具体性的制度加持。宏观层面的民办教育法治、中观层面的分类管理政策和微观层面的过渡阶段制度等方面形成的外部制度环境，与董事会独立性生成及其配套制度落地息息相关，也是董事会独立性作为系统外部的重要影响因素。

（四）余论

基于多视角的基础研究，在董事会独立性一般理论研究的基础上，综合对独立董事制度、举办者相关制度、党组织参与决策制度等董事会独立性的生成制度，独立监事制度、信息公开制度等配套制度，以及在宏观层面的推进民办教育法治建设、中观层面的分类管理政策创新和微观层面的过渡阶段制度创新等制度环境进行研究，尤其是针对前述制度之间的耦合性、协同性、有效性进行研究，提出增强民办高校董事会独立性的建议，有效保障董事会整体独立决策和董事个人独立行权的制度价值。

在民办高校引入独立董事、独立监事制度，如何有效移植、创新并嵌入现有董事会制度及其监督制度之中，形成独立董事“专家决策”与独立监事

“专家监督”相互配合模式，在举办者控制型董事会向以独立性为核心特征董事会的转型中，发挥其应有制度价值，是本研究的重点和难点。在新《民促法》及其配套政策实施背景下，如何突破形成举办者控制型董事会的旧制度惯性阻力，从董事会整体独立和董事个人独立两个方面，创新性地将董事会独立性价值内涵贯穿于独立董事制度、独立监事制度、党组织参与决策制度、举办者相关制度、信息公开制度之中，是本研究的另一个重点难点。

三、研究价值

已有研究成果富有价值且较具启发性，为本研究奠定了理论基础和方法论。但是，由于董事会问题及其研究的复杂性，并且随着新《民促法》及其配套政策实施的全面铺开，在董事会问题中对一般性问题的全面解决方案以及具体制度问题的解决方案的研究缺乏系统性、针对性，此亦为本研究的着力之处。

1. 应用价值。在新《民促法》及其配套政策的实施背景下，结合董事会运行及其制度性问题，本研究致力于以公益性为目标，将新《民促法》及其配套政策中保障董事会独立性的原则性内容系统化，为建立健全以独立性为核心特征的董事会主要制度提供建议，这对于推动新法实施、支持政策创新、助力举办者控制型董事会实现转型有一定实践意义。

2. 学术价值。以利益相关者理论、委托代理理论、法人治理结构理论、资源依赖理论、公共责任理论为基础，考察董事会运行及持续跟踪法律实施，提炼董事会独立性价值内涵，发掘董事会独立性生成机理，借鉴公司董事会理论，建构以独立性为核心特征的董事会制度的理论基础，对丰富和深化董事会制度理论研究有一定的理论价值。

第二节 研究思路与方法

一、研究思路

（一）探寻：关键问题

通过文献研究初步掌握民办高校董事会制度及其运行的现状、问题与成因，结合新《民促法》及其配套政策中关于董事会的制度框架，通过走访、考察和书面调研等实证分析方法深化对制度及其实施现状的认识，找出关键问题。

（二）设计：研究框架

在获取关键问题的基础上，利用走访、考察和书面调研获得的信息，归纳和分析产生问题的原因，结合董事会独立性价值内涵的理论研究，形成本研究较为成熟的研究框架及思路。

（三）研究：理论制度

综合质性和量化研究方法获得的数据、信息、理论，在问题总结和原因分析的基础上，围绕既定的研究框架及思路，分别展开以独立性为取向的董事会章程，董事会独立性的生成制度、配套制度、制度环境的研究，得出初步的完善建议。

（四）归总：建议方案

采用专家研讨、制度分析等方法，在完善董事会独立性生成制度、配套制度、制度环境研究的基础上，针对前述制度之间的耦合性、协同性、有效性进行研究，提出增强民办高校董事会独立性的建议。

二、研究方法

（一）文献研究法

搜集我国民办高校董事会制度以及公司独立董事、独立监事制度的现状、问题及成因的研究资料，域外私立大学董事会制度及其运行状况的文献以及利益相关者理论、委托代理理论、法人治理结构理论、资源依赖理论、公共责任理论等研究成果，在此基础上加以分析、归类、总结和述评，掌握本研究国内外研究现状、问题与发展趋势。

（二）实证分析法

以教育行政部门负责人、教育领域专家、民办高校董事长及校长、监事（会）为调研对象，就民办高校建立独立董事、独立监事制度的必要性和可行性情况，通过走访和书面调研获取第一手资料。选取北京、上海、浙江、广东、陕西、江西等代表性民办高校进行实地考察。

（三）比较分析法

他山之石，可以攻玉。比较研究域外民办高校董事会及其章程、董事会制度及其实践，以及外国公司法上的关于独立董事、独立监事相关实践与经验，是拓宽研究视野、吸收有益经验、借鉴先进制度的重要途径。立足中国本土，放眼世界，横向比较我国与境外多国和地区的相关董事会治理的实践和研究成果。

（四）个案研究法

选取浙江某学院、宁夏某学院进行深度的个案研究，对董事会制度、监事会制度及其运作的历史情况进行典型经验的案例研究，掌握民办高校董事会制度及运行的现状与问题，探寻典型问题与经验，修正增强民办高校董事会独立性的关键问题。

第二章

民办高校董事会独立性的基础理论

董事会是民办高校内部治理的核心，在民办高校决策和监督中发挥着根本性作用。董事会发挥作用的大小同董事会的独立性密切相关，可以说董事会的独立性是董事会发挥作用的“灵魂”。[①] 董事会的基础理论研究在重新审视董事会的功能与地位的基础上，界定董事会独立性的基本内涵，阐释董事会独立性主要理论，明确董事会独立性的价值目标，建构董事会独立性的生成机理（个体独立和整体独立）及其制度基础。

第一节　董事会独立性的基本内涵

民办高校董事会是学校发展战略的制定者和决策者，是学校办学的监督者，学校的生存与发展都与董事会息息相关。民办高校董事会的基本职能就是审视学校的战略、计划和重大决策，并且根据学校的整体利益和举办者利益等去监督学校管理层，防止学校管理层操纵学校的内部控制权、滥用权力，形成内部人控制。因此，现代学校良好治理结构的核心是具有完善信息且能够很好发挥功能的董事会。民办高校董事会独立性研究的理论来源于公司董事会独立性研究。民办高校董事会的独立性，应当表现在两个方面，一个是董事会的整体独立，另一个是董事会独立董事的独立。董事会的独立性是指董事会作为一个独立的行为主体，在决策过程中所体现出来的公正、不偏颇于任何一方利益的价值取向。

一、董事会独立性的含义

现代企业制度的发展使得所有权和经营权渐趋分离，由此产生了对企业

① 胡朝晖．关联并购中董事会独立性与收购公司的股东价值分析[J]. 南方金融，2012（12）：79-83.

资产拥有所有权的股东和对企业资源拥有经营权的管理层之间的代理问题，董事会制度为解决委托代理问题应运而生。董事会作为公司治理机制的核心，拥有公司重大战略的决策权，不仅可以监督经营管理层的机会主义行为，还能防止大股东侵害中小股东利益，而影响董事会运行效果的关键在于其是否具有独立性，并由此建立了关于公司董事会独立性的系列观点和主流理论，本研究中关于民办高校董事会独立性的主要观点，充分参考和借鉴了公司董事会独立性的相关理论研究。

在公司治理领域中，学者们经常把董事会中独立董事占董事会总人数的比例称为“董事会独立性”。[①] 董事会独立性主要体现为董事会中的独立董事是否能够独立于董事会内部成员、公司股东以及管理层，公平客观地发表独立意见并履行监督职能，如果独立董事失去了独立性，会直接损害到董事会独立性，董事会的监督职能也会被削弱。众所周知，董事会是由股东大会选举产生的，其独立性指的是在决策的过程中，为了保护全体股东的利益，董事会及其成员必须保持自身外在和内在的独立，即要求独立于公司的管理层以及某一股东，以保证决策的公平、公正。有学者认为董事会在实质上的独立，主要是指董事个体成员其本身在思想或态度上的独立，指的是董事有能力并且有意愿去做出自身独立的判断，或者说是董事在做出决定时不会因为个人情感来影响其判断过程以及结果，完全从客观角度来进行评论。另有学者认为，所谓董事会的独立性，是指董事会作为一个主体而言是独立的，同时是可以独立承担法律责任的，并且在参与企业的经营决策中具备着独立的决策能力以及独立的判断能力，同时，董事会必然是要能够独立地行使其所拥有的权利，如果不具备该能力，其他一切都是空谈。[②] 董事会独立性是指董事会在企业中能够客观、公正地制定企业发展战略并独立地监督和约束管

① 郑志刚，吕秀华. 董事会独立性的交互效应和中国资本市场独立董事制度政策效果的评估 [J]. 管理世界，2009（7）：133-144.

② 王静. 董事会独立性、内部薪酬差距与企业绩效 [D]. 太原：山西财经大学，2018.

理层的行为，独立于股东以及管理层的制约，从而维护企业所有者以及其他利益相关者的利益。董事会独立性也是董事会能够在企业中发挥有效治理作用的基础。

本研究关于董事会独立性的界定，是研究展开的逻辑起点。本研究认为，关于民办高校董事会的独立性，应当表现在两个方面，一个是董事会的整体独立，另一个是董事会独立董事的独立。[①] 学校董事会的独立性不仅取决于董事会监督职能的需要，同时也应当是学校治理中外部利益相关者与内部利益相关者博弈所产生的结果，学校董事会的独立性体现在与管理层之间的独立和与举办者等利益相关者之间的独立。董事会的独立性是指董事会作为一个独立的行为主体，在决策过程中所体现出来的公正、不偏颇于任何一方利益的价值取向，[②] 它既独立于举办者等利益相关者，又独立于学校的管理层，旨在实现学校整体的价值目标、维护学校师生员工的权益。判断董事会独立性的程度，关键不在于看形式上是否独立，而在于集体决策的价值取向和董事会独立运作的实质。董事会的董事成员构成及其产生方式是由新《民促法》及其配套政策等新法新政明确规定的，它对学校各利益相关主体负责的同时也要代表学校整体利益履行职责。委托代理理论认为董事会在学校中拥有委托人与代理人的双重身份，是学校治理体系的核心。董事会作为委托人和代理人并且监督学校的整体发展，在学校中占据着重要的地位。信息不对称使得董事会代表学校必须在学校中对管理层进行客观公正的监督，从而维护学校以及利益相关者的整体利益。独立性关涉董事会能不能发挥作用，管理层以及学校利益相关者的利益能否平衡好。董事会受利益相关者委托对学校治理进行监督管理，因此需要对学校利益相关者负责。董事会还要作为委托人委托管理层管理学校，并且公正客观地监督管理层的办学行为以防止管理层

① 金桂苑．国企董事会建设的障碍——上海国资系统的调查研究 [J]. 上海市经济管理干部学院学报，2008（3）：1-15.

② 王斌．论董事会独立性：对中国实践的思考 [J]. 会计研究，2006（5）：25-30，95.

利用信息优势追求私利。因此董事会的独立性是董事会作为内部治理核心机构发挥作用的重要前提。①

在公司治理领域，关于董事会独立性的衡量维度，一般认为主要包括以下几个方面：第一，独立董事在董事会中所占比重。独立董事不会在公司内部担任任何职位，因此，大多数的专家学者都认可董事会中独立董事的人数越多，相对而言，公司董事会的独立性就会越强。诸多来自公司方面的研究表明，当独立董事参与到公司的董事会之后，董事会的独立性和客观性是会得到加强的。而独立董事的主要作用在于他们可以利用其本身所拥有的一些专业化的知识来帮助公司（学校）去制定相关的政策、方针、战略等，尤其是在公司（学校）内关键性战略决策中以及对公司（学校）内部的监督等方面发挥作用。②第二，独立董事在董事会工作的平均年数。关于独立董事在董事会中任职的长短对董事会的独立性的影响如何有不同的观点。尽管有研究认为，独立董事任职时间越长，在整个公司的影响会越大，受管理层压力而顺从的可能性会越小，整个董事会的独立性会越大。而更多研究则倾向于任期越长，独立董事与管理层共同工作，受人际关系等的影响会使其独立性减弱。③第三，董事会主席与总经理是否两职合一。如果公司的董事长和总经理两职分离了，那么公司的董事会的独立性就会得到加强。如果两职合一，那么总经理就会拥有更广的权力基础，很可能会成为控制权力的核心，董事会对于企业政策制定等方面的职能就会弱化。并且不幸的是，总经理总是拥有企业内其他外部董事所缺乏的协调技能与信息优势，也就是说，存在信息不对称，独立董事确实难以真正客观有效地去监督、评价总经理的业绩水平，所以难以根据评估结果来确定合理的薪酬水平。第四，董事会委员会的设置。董事会专业委员会是否存在是衡量董事会独立性的重要标志。独立董事相对

---

① 史佳佳．董事会独立性、反腐败与代理成本 [D]. 蚌埠：安徽财经大学，2018.

② 王静．董事会独立性、内部薪酬差距与企业绩效 [D]. 太原：山西财经大学，2018.

③ 刘曼琴．董事会独立性与公司绩效的国际比较研究 [D]. 长沙：湖南大学，2002.

于内部董事或普通非执行董事而言，更有可能成为一名良好的监督者。当董事会内部下设有提名委员会、薪酬委员会、审计委员会等各种委员会时，董事会在决策相关问题时势必要将决策权下放到各个委员会中去，不再囫囵吞枣地将所有问题一并解决，各个委员会的存在会使得董事会更加专业化，解决问题的能力也会得到提升，进而对管理层业绩的评估也会更加客观，与此同时董事会专业委员会的存在也可以优化公司控制权的分配，可以进一步地完善公司内部权力的制衡，使得董事能够真正地发挥出作用。①

关于董事会独立性的衡量维度，是董事会独立性的影响因素，也是董事会独立性的保障方向，据此可以基本形成本研究的主要框架。公司治理领域董事会独立性的衡量维度，主要是基于董事会独立董事的独立视角的分析，形成了本研究关于董事会独立性的董事会的整体独立和董事会独立董事的独立两个重要方向，是董事会独立性作用发挥的核心基础。显然，从董事会独立性的整体独立和董事会独立董事独立两个方向出发，本研究认为，一方面，在民办高校发展的整体制度环境之下，从董事会独立董事的独立方面看，既要关注民办高校中董事会成员构成中独立董事的比例、任职期限，也要关注董事长与管理层兼职、专门委员会设置等问题，还应当关注董事会成员构成中其他成员的设置，比如举办者、党组织负责人等的参与。从董事会的整体独立方面看，民办高校的董事会是一个系统，而在民办高校这个更大的系统中，仍然要受到民办高校对董事会决策设置的监督机构的制约，例如监事（会）、信息公开等制度机制，甚至其他关键岗位亲属回避等等。另一方面，董事会独立性保障是民办教育发展到一定历史阶段的产物，也是民办教育发展制度环境的内容之一。尤其是在民办教育分类管理的初级阶段，与董事会独立性保障密切相关的，如分类管理的地方政策、营非选择登记的补偿奖励和整体的民办教育法治等制度内容，与民办教育分类管理背景下新法新政中的诸多其他措施一起，共同推进民办教育治理水平与能力再上新台阶。

① 王静．董事会独立性、内部薪酬差距与企业绩效 [D]. 太原：山西财经大学，2018.

总之，增强民办高校董事会独立性的研究，需要借鉴系统论的视角，重点聚焦董事会、学校及其外部制度环境三个系统，从三个不同层次、相互影响的系统出发，以董事会独立董事的独立、董事会的整体独立和学校制度环境（尤其是民办教育分类管理的新法新政）研究为核心内容，形成生成制度、配套制度和制度环境三个主要部分，是为本研究的核心研究框架。

二、董事会独立性的制度基础

在董事会独立性主要内涵界定的基础之上，本研究以民办高校董事会独立性的生成制度、配套制度和制度环境等为建构方向，在充分论证和有效借鉴的基础上，形成民办高校董事会独立性的制度基础。

第一，董事会独立性的生成制度。董事会独立性的生成制度以董事会独立董事的独立为主要核心目标，涉及独立董事制度本身，以及与其密切相关的董事会法定成员构成中的其他相关制度，是独立董事是否能够独立的关键。一方面，在民办高校中引入独立董事制度，明确功能定位，在权责配置、选任机制、运行机制、保障机制等方面进行系统设计。另一方面，在董事会内部，建立健全党组织参与决策制度、举办者相关制度，是独立董事制度能够成功引入的关键。党组织负责人兼督导专员是董事会当然成员，需要在引入独立董事制度时，重点考虑完善党组织负责人兼督导专员作为董事会成员方面的义务与责任以及参与机制；对于大多数现存的非营利性民办高校而言，尤其是一些举办者控制型的非营利性民办高校，需要在学校章程中明确举办者权责，在董事会章程中主要明确其作为董事的义务与责任及参与机制；进一步完善董事长的任职资格条件、选任机制、权责配置以及运行、保障制度等，尤其要突出董事长失职、滥用职权的责任追究机制等，同时明确董事长与校长两职分离为原则、兼职为例外，以明确划分决策层与管理层职责。

第二，董事会独立性的配套制度。董事会独立性的配套制度以董事会整体独立为主要核心目标，涉及除生成制度之外的，对董事会的监督机制，包括独立监事制度或者建立有独立性的监事会，以及健全董事会决策公开制度等关键制度。一方面，在民办高校中引入独立监事制度，定位其功能与作用，建立权责配置、选任机制、运行机制、保障机制等制度。另一方面，建立健全信息公开制度。在学校信息公开制度中重点突出董事会的成员、资格条件、选任、运行以及待遇保障等方面信息的公开，尤其是涉及重大事项的决策过程、利益相关者的参与及结果的公开等，有效保证董事在独立意志之下履行职责、董事会在学校整体利益下独立决策。

第三，董事会独立性的制度环境。董事会独立性的制度环境以董事会的整体独立和董事会独立董事的独立为主要核心目标，涉及除生成制度、配套制度之外的，符合民办学校分类管理新法新政要求的框架体系。民办高校应全面内化相关制度要求，并保持与制度环境的互动，尤其要坚持新法新政中确立董事会独立性的价值取向，细化一系列宏观政策与制度架构支撑，包括宏观层面的民办教育法治、中观层面的分类管理政策和微观层面的过渡阶段制度等，保证董事会独立性的生成制度、配套制度落地，降低系统外部因素对董事会独立性的影响。

第二节　董事会独立性的主要理论

利益相关者理论、委托代理理论、法人治理结构理论、资源依赖理论、公共责任理论等，从民办高校董事会内部治理的治理目标、治理主体、治理方式、治理机制、治理资源，以及董事会独立性保障的生成制度、配套制度和制度环境等方面提供了全面的理论支撑。

一、利益相关者理论

1984 年，爱德华·弗里曼里程碑式的著作《战略管理：利益相关者方法》

中把利益相关者定义为："能够影响组织目标实现或者被组织目标实现过程所影响的人或团体。"该书强调鉴于利益相关者对组织永续经营的重要作用，应该构建一种管理模式，全面纳入组织外部环境因素，从而将利益相关者理论引入组织的战略管理研究。

利益相关者理论认为，董事会的存在是一种有效的内部牵制机制，能够避免股东直接参与企业的经营管理，在很大程度上可以约束和制止大股东为自己私利来掏空企业的行为，也保护了其他利益相关者的利益。并且，利益相关者理论也认为企业顾及整个利益群体的相关利益也能使企业发展得更为稳定。组织的管理者为综合平衡各个利益相关者的利益要求而进行管理活动。该理论认为任何一个组织的发展都离不开各利益相关者的投入或参与，组织追求的是利益相关者的整体利益，而不仅仅是某些主体的利益。[①] 利益相关者理论强调在战略决策时兼顾众多利益相关方的意见，尤其是在民办高校中，独立董事的独立性特征有利于提高民办高校的公信力。

二、委托代理理论

委托代理理论是契约理论最重要的发展之一。委托代理理论由传统的双边委托代理理论（单一委托人、单一代理人、单一事务的委托代理）发展出多代理人理论（单一委托人、多个代理人、单一事务的委托代理）、共同代理理论（多委托人、单一代理人、单一事务的委托代理）和多任务代理理论（单一委托人、单一代理人、多项事务的委托代理）。委托代理理论属于信息经济学的范畴，也是制度经济学中契约理论的重要研究内容，主要致力于解决市场双方信息不对称及利益最大化背景下的激励约束问题。

委托代理理论认为在董事会的作用中，控制是最重要的任务，其次是服务和战略。董事会对民办高校的贡献在于通过阐明学校发展目标，将学校治

① 刘炯．企业高管薪酬决策评价体系及其应用研究［D］．长沙：湖南大学，2011.

理的注意力主要集中在学校发展目标上，通过战略决策的制定和控制等，降低由于管理层偏离既定目标和程序所带来的代理成本。[①] 董事会作为治理机构的核心，与管理层之间形成委托代理关系。法人治理结构就是要在降低代理成本上做文章，建立一套规范代理行为的机制，以最低的代理成本获取最大的效益。民办高校的董事会是举办者在学校内部的主要代表机构，面对众多利益相关者共同治理的局面，如何充分反映各方利益和做出有利于民办高校利益的决策是其中的关键问题。

三、法人治理结构理论

法人治理结构的理论含义是指，在市场经济条件下，基于产权制度和融资制度的内在规定性，企业的出资者和债权人为确保经营者按照自己的意愿努力工作，实现预定的契约目标而作出的关于出资者与经营者权利与利益关系的法律规范和制度安排。在法人企业形式下，众多股东如何来体现自己投资者的身份和实现对应有财产所有权的决策，是法人企业必须解决的问题。于是实践中把所有权分割为两个层次，所有权归股东，法人所有权归企业。股东放弃了对财产的占有、支配和处分的决策，保留了对财产的收益权，因而产生了企业财产信托经营制度。股东与董事之间的这种信托关系，以信托为基础，以委托方式由董事代理股东经营企业的法人财产，于是企业财产所有者与经营者产生了分离。随着科学技术的发展和生产规模的扩大，客观上又产生了经理人阶层，他们受聘于董事会，负责日常生产经营活动和管理工作，与出资人之间形成另一层信托关系。因此，法人治理结构是现代公司制度的核心，它形成了多元利益相互制衡的组织结构。

法人治理结构的核心是在一定条件下实现组织的价值最大化，用以协调

---

① Mizruchi,M.S.Who Controls Whom? An Examination of the Relation between Management and Board of Directors in Large American Corporation[J]. Academy of Management Review, 1983（8）: 426-435.

组织内外众多利益相关者的相互关系。在进一步完善民办高校的内部和外部治理制度中，在保证教育公益性的基础上，充分调动利益相关者共同参与民办高校的制度建设。

法人治理结构理论强调内部治理和外部治理的结合，对于相对封闭的民办高校治理结构来说，通过在高校和董事会内外部，增强董事会独立性的整体制度设计，既是高校内部规范办学、治理专业化的要求，也是外部强化公益性和增强公信力方面必然的选择。

四、资源依赖理论

资源依赖理论属于组织理论研究中的一个重要理论流派。该理论着重研究组织间关系、组织的变迁活动以及组织与外界环境互动的原理。组织对于环境的这种依赖性是组织间相互联系的属性，正是由于各个组织之间存在相互的联系，同时组织对于环境中的资源有着较强的依赖性，组织与环境中的其他组织间的沟通就频繁出现。

资源依赖理论的基本前提是“如果组织不能在其内部开拓自给自足的资源，那么，它们就必须与环境要素进行交换以换取所需资源。而且，在资源交换的过程中，外部组织不仅会消费组织产品，而且还会对组织行为或变革提出要求”。

民办高校董事会的董事如果在组织中具备相关专业能力、工作经验和人脉资源，可以给经营者提供专业知识，助力组织与竞争性环境相衔接。董事的专业能力越强、人脉资源越多、工作经验越丰富，提供决策建议则越全面，咨询功能就越好。[①]

资源依赖理论主要强调组织的持续发展较大程度上取决于其获取外部资源的能力，组织可以通过加强与其他相关组织的联系，较快地获得必需的资

① 郑晓倩．董事会特征对企业风险承担的影响研究[D]．南京：南京师范大学，2016.

源，[①] 在增强民办高校董事会独立性的制度建构中，通过引入独立董事、独立监事制度，民办高校管理者可以获取较多的高校外部资源。

五、公共责任理论

公共责任理论是伴随着现代民主理论的发展而产生的。西方国家特别是美国行政学界对公共责任理论进行了长期的深入讨论，形成了两个阶段两种范式的理论，也即早期的以“命令—控制”为核心的传统的责任理论和当代的复合型公共责任理论。公共责任是指国家的公务人员违反行政组织及其管理工作的规定，违反行政法规所规定的义务和职责时，所必须承担的责任。而这一责任具有复杂的表现形式和多样化的层次结构，一项责任可能既是经济责任、法律责任，又是伦理责任，或者既是政治责任，又是伦理责任。

民办高校中的非营利性民办高校在组织性质上是非营利性法人。从非营利性财团法人的一般性制度与理论，以及非营利性民办高校“所有者缺位”“非分配约束”特点以及“他律法人”特点出发，非营利性民办高校作为承担公共责任的组织之一，公共责任是其作为公共事务承担者的基本义务。公共责任在法律管制上提供了立法阐释，也寻找到了对非营利性民办高校行政监管的正当性。

非营利性组织治理的普遍化的实质在于分权化的民主进程，这是有别于传统集权式垂直制度安排的水平方向的制度安排，但公共责任总量并没有因此减少而是改变了其分布形式。分权化治理格局下的政府管制正当性集聚在对非营利性组织公共责任的监管上。因此，全球化与社会治理的进展内在地指向政府治理体系的重构，对于增强非营利性民办高校董事会独立性而言也是如此。

① 余玉苗，周莹莹，潘珺．聘请退休政府官员背景独立董事给上市公司带来好处了吗？[J]. 经济评论，2015（1）：129-139，151.

第三节　董事会独立性的价值目标

董事会独立性是民办高校自主性的核心内容，也是民办高校治理决策的形式。民办高校自主性是董事会独立性的价值目标，也是民办高校治理决策的本质。通过董事会独立性保障达到或实现民办高校自主性是其中的必由之路，以民办高校自主性为价值目标是董事会独立性保障的重要前提与基础。

一、董事会独立性与学校自主性

民办高校自主性指的是学校本身所具有的内在的固有属性，是学校在同客体相互作用中所表现出来的主观能动性、相对独立性和独有的个性。民办高校自主性基础在于自主权，考察分析自主办学、自主教学、自主学习制度与实践，提升学校作为发展主体选择、决定、调节自身活动的主观能动性；核心在于自主结构与机制，关键在于自主文化。当前，世界各国高校的生存与发展的环境正在发生巨大的变化，国内国际环境的复杂多变要求置身其中的高校具有更高的自主性。新时代，在推进“双一流”建设和高等教育内涵式发展的大背景下，我国民办高校已进入分类管理新阶段，面对国家经济社会发展与高等教育发展的难得机遇与诸多挑战，立足于历史传统和现实基础，如何进一步创新、发展和形成民办高校具有主观能动性、相对独立性和独有个性的制度与文化，稳步推进民办高校健康、快速、可持续发展，是一个迫切需要解决的难题。在新《民促法》及其配套政策实施背景下，聚焦民办高校存在的自主权“空心化”、决策的“专制化”、管理的“家族化”、监督的“形式化”、文化的“企业化”等问题，以民办高校的自主结构与机制和自主文化为价值目标，切实建构董事会独立性的保障机制，对于进一步增强民办高校的自主性，引领和推动民办高校的高质量发展有重要的意义。

二、学校自主性的基础研究

在董事会独立性基础理论分析的基础上，借鉴非营利性组织研究中已形成的群体关系理论、结构自主理论、文化分析方法，从群体关系、结构自主和文化分析角度，建立以董事会独立性为形式和学校自主性为本质的研究进路，可以进一步深化民办高校董事会独立性研究。群体关系理论认为，决定组织自主性的关键因素是组织成员的外部群体关系是否具有同质性，强调组织边界是否被打破，是否有其他力量渗透到某一既定的群体或组织中，且渗透力量是否占据了组织的各个部位或掌握了组织中的重要部分。结构自主理论以经济学的供求关系所产生的竞争观点和社会学的群体关系观点为基础，对一个系统中具有相同地位的行动者之间的关系，以及居于某一位置的行动者与系统中处于其他位置行动者的关系予以分析。文化分析方法则关注组织自身建立合法性文化形式的能力，认为组织目标和认同能够影响结构依赖和群体关系，组织对其自身文化生产的能力越大，则扩大组织自主性的能力越强。

当前，一些民办高校在治理过程中不同程度地存在办学失范、效能不高、公益不足、公信力不够等突出问题，主要原因在于学校董事会独立性不足，学校自主权缺失，自主结构与机制“失灵”、自主文化尚未形成，呈现出自主权“空心化”、决策的“专制化”、管理的“家族化”、监督的“形式化”、文化的“企业化”等特点，应进一步增强民办高校董事会独立性、提升学校自主性，引领和推动学校高质量发展。

新《民促法》明确了民办学校党组织、营利性与非营利性民办学校分类管理、建立对决策机构的监督机制、举办者参与学校办学与管理和建立信息公示制度的原则性规定。《国务院三十条》从董事会、监事会、党组织、校长选聘机制、关键管理岗位实行亲属回避制度、完善教代会和学代会制度等方面对民办学校的治理结构与机制作出了全面的规定，尤其是“监事会中应当有党组织领导班子成员”“健全党组织参与决策制度，积极推进‘双向进入、交叉任职’”“优化董事会成员构成”“探索实行独立董事（理事）、监事制度”等突破性规定，旨在从顶层设计上破解原《民促法》及其《实施条例》中民办高校董事会独立性缺失、自主性不足及实践中民办高校治理存在的关键问题。

在西方，对以董事会独立性为主要表现的学校自主性问题的研究可以追溯到中世纪。许多西方学者从不同角度、不同方面对大学自治问题加以研究。例如，美国学者约翰·S·布鲁贝克从教育哲学角度对学术自治、学术自由等问题的研究，哈罗德·珀金从历史角度对大学自由与外部控制之间关系的研究，加拿大学者约翰·范得格拉夫从管理体制角度对学术权力的研究，以及美国学者伯顿·克拉克对“创造自主创新型大学”问题的研究，等等。这方面的研究成果很多，涉及大学自治问题的诸多方面，如概念、范围、自治与控制的关系等问题。回顾大学自治的历史，放眼大学自治在世界范围内的实践，尽管不同大学在发展程度、制度背景方面存在诸多差异，但都同样面对着平衡政府关系和完善内部治理这两个核心命题。

三、学校自主权研究

自主权是学校走向自主发展的前提和保障。学校的自主权主要是指根据社会与人的发展需要，在国家教育方针、法规政策允许的范围内，学校作为发展主体自觉能动地选择、决定、调节自身活动的权力。遵循有限性与独立性，在与民办高校外部治理主体之间权力配置的不断调适中，获得最大限度的自主权，充分发挥民办高校内部的自觉性、民主性，加快推动民办高校高质量发展。

第一，在办学自主权方面，在简政放权背景下，进一步完善民办高校内部管理，建立健全教学自主权、招生自主权和收费自主权的相关制度，保障办学活动能够依据其自身特点，充分发挥其功能所必须具有的自我决策、自我运行的权力。

第二，在教学自主权方面，尊重教师在教与学过程中的主导权、计划决策权，保证教师自主组织课堂教学、开发教学内容和参与制定教师规章制度、开展教学改革等权力，并形成制度。

第三，在学习自主权方面，尊重学生一定的学习内容、进度的选择权、决定权，一定的时间支配权，一定的课外活动内容、方式的选择权和决策权，以及向教师提问和发表个人见解的权利等等，并形成制度。

四、学校自主结构与机制研究

自主结构主要指能够为学校中的个人和学校的自主性发展提供治理空间的治理结构；自主机制是指学校保障、支持、规范、调节与激励学校内部个人自主性和学校自主性的机制。

第一，在自主决策中涉及的主要制度。一是独立董事制度。分类管理背景下，应以新《民促法》及其配套政策正式实施为契机，在民办教育地方立法和学校法人治理结构优化过程中，加快推动民办高校引入独立董事制度，建立包括选任机制、权责配置、运行机制和保障机制在内的独立董事制度体系，助力举办者控制型董事会向以独立性为核心特征的董事会转型。二是党组织参与决策制度。《国务院三十条》明确“民办高校党组织负责人兼任政府派驻学校的督导专员”，党组织负责人兼督导专员是董事会当然成员。党组织负责人兼督导专员在办学方向把握、监督办学、指导办学与办学决策之间发挥作用，关键在于完善党组织负责人兼督导专员作为董事会成员的义务、责任以及参与决策机制。三是举办者相关制度。对于大多数现存的非营利性民办学校而言，在投资办学环境向捐资办学环境的转换中，生成举办者控制型董事会的旧制度惯性力量会继续发挥作用。大部分举办者控制型民办学校，应当通过学校章程明确举办者的法律地位及权责，在董事会章程中明确举办者作为董事的义务、责任及参与决策机制。

第二，在自主管理中涉及的主要制度。主要指与决策层面对应的执行层面的管理，包括以校长为中心的行政分支与学术分支的管理。一是校长与董事长的关系。推行高校校长职业化，探索建立适合新时代民办高校发展要求的校长准入、遴选、使用、培训、激励和约束机制；明确董事长与校长两职分离为原则、兼职为例外，清晰界分决策层与管理层职责，建立有效的制约与竞争机制。二是建立双向进入、交叉任职制度，建立党组织进入行政管理机构，以及党员校长、副校长等行政机构成员按照党的有关规定进入党组织领导班子任职的专门制度，分别在行政机构组织规定和党组织规定中作出特别规定。三是关键管理岗位亲属回避制度，明确关键岗位的范围、亲属范围，回避情形、条件、程序及违反回避制度承担的责任等。四是学术管理。以学术委员会为核心的学术机构是学术自治的载体，是承载学校学术使命和学术目标的组织。确立学术委员会最高学术机构的法律地位，明确学术委员会的架构、设立、管理、运行机制，真正实现学术组织的独立以及学术人员地位的独立，发挥教师的学术主体作用，并在人员和组织上给予制度和经费保障。

第三，在自主监督中涉及的主要制度。一是信息公开制度。通过对董事会成员、资格条件、选任、运行以及待遇保障等方面的公开，尤其是对涉及重大事项的决策过程、利益相关者的参与及结果的公开等，以及行政与学术重要管理事项的公开，进一步完善董事会的信息公开制度。二是监事制度。完善有自主性的监事制度，既监督决策又监督管理。建立独立监事制度、健全董事会决策公开制度，是外部保障董事会自主决策的关键制度，阐述民办高校引入独立监事制度的必要性和可行性，定位其功能与作用，建立权责配置、选任机制、运行机制、保障机制等制度。三是民主监督制度（教代会、学代会）。建立健全民主、科学和规范的教职工和学生集体层次与个体层次参与民主管理和监督代表的选任和退出机制，包括代表资格条件和责任追求等一整套制度，同时完善与决策、行政、监事机构的衔接机制。

五、学校自主文化研究

从当前民办高校治理实践中反映出来的较为突出的家族式治理文化和企业式治理文化的主要内容和特征出发，以聚焦建构现代民办高校自主文化为目标，重塑民办高校的治理结构与机制。

第一，家族式治理文化。顺应我国民办高校家族式治理模式的控制权结构逐渐从集中走向分散的演进趋势，本研究对现有的典型的家族式治理的民办高校进行个案分析，主要探寻其治理结构与机制中反映出来的相关文化现象，提炼出民办高校家族式治理文化的共性，分析其在学校发展中的积极或消极作用，重点分析家族式治理文化中的自主文化内容和特征。

第二，企业式治理文化。本研究对现有的典型的企业化经营或办学的民办高校进行个案分析，主要探寻其治理结构与机制中反映出来的相关文化现象，提炼出民办高校的共性企业治理文化，分析其在学校发展中的积极或消极作用，重点析取企业式治理文化中的自主文化内容和特征。

第三，现代大学自主文化。一方面，进一步提炼现代大学自主文化的应有内涵，重点回溯和分析我国民办高校家族化管理、企业化经营、组织结构公司化等组织文化特性，提出现代大学自主文化的建设路径。另一方面，顺应现代大学从硬实力竞争向软实力文化层面竞争的趋势，尊重创造性，弘扬批判性反思精神与超越精神，鼓励合作与共同发展，重塑民办高校的治理结构与机制。

综上，在学校自主权研究的基础上，围绕新《民促法》及其配套措施下的自主决策、自主管理、自主监督的制度与机制设计，同时分析影响学校自主性的文化因素，综合对学校自主性构成要素中学校自主权、自主结构与机制、自主文化之间的耦合性、协同性、有效性进行研究，可以增强以民办高校自主性为价值目标的董事会独立性，有效保障民办高校的高质量发展。

第三章

民办高校董事会独立性的生成制度

中国民办高校董事会独立性的生成制度主要包括独立董事制度和举办者相关制度、党组织参与决策制度三个方面。本章全面梳理公司独立董事制度的历史源流、得失利弊，探讨独立董事在营利性法人与非营利性法人不同运行环境中可能产生的问题，阐述民办高校引入独立董事制度和举办者相关制度、党组织参与决策制度的必要性和可行性。

第一节　独立董事制度

法人治理结构理论视野下，董事会是学校法人治理结构的核心。董事会能否发挥应有作用，关键在于其是否具备独立性与公正性。以探索建立民办高校独立董事制度的国家政策为指引，民办高校引入独立董事制度有充分的必要性和可行性，审慎移植来自上市公司独立董事的制度经验，其价值在于推动民办高校办学规范化、治理专业化，强化公益性、增强公信力。分类管理背景下，应以新《民促法》及其配套政策正式实施为契机，在《中华人民共和国民办教育促进法实施条例》修订、民办教育地方立法和学校法人治理结构优化过程中，加快推动民办高校引入独立董事制度，建立包括选任机制、权责配置、运行机制和保障机制在内的民办高校独立董事制度体系，助力举办者控制型董事会向以独立性为核心特征的董事会转型。

一、独立董事制度概述

原《民促法》及《实施条例》颁布实施以来，民办高校董事会运行的总体情况不容乐观。一些学者研究认为，不少民办高校董事会缺乏独立性，以致民办高校办学失范、效能不高、公益性不足、公信力不够。[①] 我国民办教

① 刘永林．民办学校独立董事制度研究 [M]. 北京：中国政法大学出版社，2019：2.

育“家族化”治理现象严重，一些学校的董事会沦为少数人控制学校谋利的工具，基本偏离公益性办学方向。在民办高校分类管理框架下，如何有效保障民办高校董事会的独立性，进而更好保证民办高校的公益性，成为当前一个重要课题。举办者控制型董事会特征，是由外部制度的规范性和资源获得的单一性，尤其是法人属性不清以及有效的决策监督机制缺失造成的。举办者控制、家族化管理与公益性在一定程度上相互矛盾，不符合我国民办高校发展的趋势和可持续发展的理念。辩证看待举办者控制董事会，并作相应的制度设计与安排，赋予民办高校董事会应有的独立性，保证民办高校办学的公益性方向，对于破解制约我国民办教育发展的深层次问题具有重要意义。

近年来颁布的一些民办教育新法新政对完善民办学校董事会制度进行顶层设计。例如：新《民促法》原则性规定了民办学校应当设立决策机构并建立相应的监督机制；新颁布的《国务院三十条》提出“优化董事会成员构成”“探索实行独立董事（理事）、监事制度”等方向性要求；2021 年新修订的《中华人民共和国民办教育促进法实施条例》明确提出，“鼓励民办学校理事会、董事会或者其他形式决策机构中包括社会公众代表，根据需要设立独立理事或者董事”。前述分类管理背景下已颁布的民办教育新法新政和《民办教育促进法实施条例》的修订共识已成为新时期探索建立民办学校独立董事制度的重要基础与明确指引。新阶段，亟待以新《民促法》及其配套政策正式实施为契机，尽快回应董事会独立性的制度设计与安排。在新法新政鼓励引入民办高校独立董事制度的指引下，进一步探求民办高校引入独立董事制度的价值内涵与可行性，并作出框架性的制度设计，助力民办高校举办者控制型董事会向以独立性为核心特征的董事会转型。

在民办教育新法新政背景下，非营利性和营利性的分类已成为民办高校管理制度框架的基本逻辑，同时也是民办高校独立董事制度设计的重要基础。其中，“董事会”“外部董事”“独立董事”“民办高校独立董事”等概念则是探讨民办高校董事制度研究的起点，我们在此界定如下：“董事会”是指《民办教育促进法》中明确的民办高校的“董事会”“理事会”，实践中发挥决策作用的“学校管理委员会”“校务委员会”等，域外私立学校中发挥决策作用的“董事会”“理事会”等，以及《中华人民共和国公司法》中明确的在公司企业中设立的“董事会”。“外部董事”是指董事会成员中不在民办高校、域外私立高校和公司企业担任除董事和董事会专门委员会有关职务外的其他职务，不负责管理层的事务，与其担任董事的组织不存在可能影响其公正履行外部董事职务的关系的董事。在实践中，现有民办高校董事会的外部董事基本包括校友代表、社会公众代表、专家（教育、法律、财务等领域）、学生家长代表，广义上还包括政府代表等。“独立董事”包括《上市公司独立董事管理办法》（证监会令【第220号】）中界定的“独立董事”以及民办学校、域外私立学校外部董事中的专家型董事，是指不在上市公司、民办学校、域外私立学校担任除董事和董事会专门委员会委员外的其他职务，且与其所受聘的组织及其举办者或捐赠者，不存在直接或间接利害关系，或者其他可能影响其独立客观判断的关系的董事。民办高校独立董事指民办高校外部董事中具有教育、法律、财务等专业背景的专家型董事，在特殊情形下，可能与校友董事等其他外部董事有交叉，但亦必须是按照独立董事要求，且以专家身份为主要特征而受聘的董事会董事。

二、构建独立董事制度的必要性

董事会制度是董事会治理的重要基石。在分类管理背景下，从顶层设计上完善民办学校董事会制度，以破解举办者控制型董事会带来的诸多实践难题，在民办高校引入独立董事制度有其充分的必要性和重要性。

（一）实践诉求

民办高校董事会是学校的最高决策机构，是民办高校这个组织体的关键部分和指挥中心，是民办高校的核心竞争力所在。[①]民办高校的董事会应该是一个多元化的“智囊团”，董事会的构成必须保证其利益相关者之间力量的均衡。目前，民办高校董事会治理实践中凸显的办学失范、效能不高、公益性不足、公信力不够等问题令人担忧。比如，在办学方面，学校中“夫妻店、兄弟连、父子兵”“子（女）承父（母）业”和开会“董事长一言堂”等现象普遍[②]，决策权乃至经营权始终掌握在举办者（创办人）手里；在治理效能方面，董事会中社会知名人士等其他董事的头衔多是荣誉性的[③]，其参与学校治理的积极性、创造性和主观能动性不能发挥，董事会基本上沦为应付强制性法律要求的制度工具；在公益性方面，董事会存在封闭性和成员单一性，不愿意公开董事会成员名单，难以反映举办者、办学者、教师、家长、学生、所在社区以及社会公共利益代表的诉求，尤其是社会公众的利益诉求；在公信力方面，举办者个人或家庭对于学校的控制程度比较强，有一定的利益诉求，加之董事会的实际运作不透明，缺乏信息公开与监督，严重影响公众对民办高校的信任度。在分类管理背景下，明确不要求合理回报的民办高校选择登记转设为非营利性民办高校的出资者，在原有制度与实践的惯性之下，在实际上仍然可能通过制度或事实上的安排，继续掌握学校诸多事项的决定权，全面控制民办高校。实践中民办高校决策“专制化”、管理“家族化”、监督“形式化”、文化“企业化”等现象依旧严重，通过引入独立董事制度可以提升民办高校董事会独立性与公正性，助力解决办学失范、效能不高、公益性不足、公信力不够等问题。

（二）制度完善

对于民办高校而言，建立一个以学校改革和发展为最终目标，并能够有力抵挡举办者不当干预和有效监督管理层的董事会是成功运作的关键。我国

① 王文源．中国民办学校组织化建设探讨[J]．教育发展研究，2005（24）：34-40.

② 周海涛，施文姝．完善民办高校法人治理结构的难题与策略[J]．江苏高教，2015（4）：13-16，95.

③ 郭建如．多样与趋同：我国民办高等教育发展特征研究[J]．教育发展研究，2008（8）：6-12.

民办高校董事会制度是伴随着民办教育法律法规的制定与修订逐步完善的：董事会的设置从非强制性发展到强制性，董事会逐渐发展成为民办高校法人治理的核心机构；董事会成员构成从封闭性走向开放性，督导专员制度的增设将推动董事会的监督重点从内部监督转向内外部监督并重；董事会成员构成从无比例限制到限制举办者代表比例，再到鼓励设立独立董事（理事），已经突破单一主体控制从而走向多元合作治理。在民办高校董事会制度趋于完善背景下，我们仍应清醒地认识到，在国家的法律法规和其他规范性文件层面，董事会制度仍然缺乏董事会成员资格、选任程序、权利义务与责任、职权行使与职责履行的内容与程序以及条件保障等方面的原则性规定，尤其是社会公众代表和独立董事作为外部董事的相关规定亟待进一步探索创新。在分类管理背景下，非营利性民办高校表面上获得了独立的法人治理地位，实则难以脱离举办者控制的窠臼。同时，营利性民办高校的公益属性，也可能在举办者控制之下偏离方向。因此，从制度层面引入独立董事制度，强化现有董事会制度的决策与监督功能，是破解民办高校董事会独立性与公正性缺失难题的关键举措。

（三）价值取向

董事会是民办高校法人治理结构的核心，其能否发挥应有作用，关键在于其是否具备独立性与公正性[①]。长期以来，学者研究认为，优化董事会成员构成，促进董事会成员多元化，可以探索建立外部董事制度，外部董事主要聘任具备教育、法律、财务等方面专业背景的校外专家，同时明确要求与举办者或出资人不具有亲属关系或经济上的利益关系。[②]在“董事会中心主义”的治理模式下，民办高校组织控制权由学校的董事会来掌握，学校治理结构安排的核心问题就是，在董事会成员结构中如何体现独立性与公正性的

---

① 李健．董事会独立性分析 [J]．清华大学学报（哲学社会科学版），2000（3）：34-41.

② 张文国．我国民办学校董事会制度的缺陷及完善——从中外比较的视角分析？ [J]．广西政法管理干部学院学报，2013（2）：34-39.

价值取向。哈佛大学前校长德里克·博克指出，美国高等教育制度最突出的特点就是对社会需求能够不断做出快速反应，而这在某种程度上是由于以外部人员为主的董事会制度的存在。[①]民办高校独立董事制度的价值取向就是要推动学校办学规范化、治理专业化，强化公益性、增强公信力。办学规范化和治理专业化是民办学校的内在要求，是法人治理的两个层面，兼顾内部和外部两个治理；强化公益性和增强公信力是民办高校的外在诉求，其中强化公益性是教育和社会的要求，增强公信力是生存和发展的要求。遵守教育和市场两个规律，可以实现民办高校基业常青的目标。新形势下，亟须引入独立董事制度，发挥独立董事参与决策、监督制衡、专业咨询的三重职能，进一步优化董事会结构、提升董事会科学决策水平。

三、构建独立董事制度的可行性

在分类管理背景下，有利益相关者理论、委托代理理论、法人治理结构理论、资源依赖理论和公共责任理论作为支持民办高校引入外部专业力量参与董事会治理的重要理论基础，以探索建立民办高校独立董事制度的国家政策为指引，审慎移植来自上市公司独立董事制度经验，在民办高校引入独立董事制度有切实可行性。

（一）理论之基

美国著名经济学家、诺贝尔奖获得者弗里德曼是教育市场化理论的首次提出者。他认为教育走向市场必须引进竞争机制，私立和公立机构在市场竞争中应处于平等地位。[②]但是，教育的公益性需要创新制度来予以保证，引入民办高校外部的专业力量参与学校治理是教育公益性和竞争性的需要。非营利组织在公司治理“所有权”与“控制权”（或经营权）分离基础上，进一

① 汪明．美国私立高校董事会制度的特征及启示[J]．黄河科技大学学报，2009（5）：9-11.

② 袁东敏．西方教育市场化理论对我国高教体制改革的启示[J]．邵阳学院学报，2005（3）：119-120.

步发展为剩余控制权、剩余索取权与经营权三权分离状态。[①]两权分离理论和委托代理理论强调所有权与控制权的分离，以及决策层与管理层的分权。引入民办高校外部的专业力量参与学校治理，是保证董事会决策科学性、咨询专业性和对管理层监督有效性的需要。法人治理结构理论强调在一定条件下实现组织的价值最大化，以协调组织内外众多利益相关者的相互关系。[②]尤其是对于相对封闭的非营利性民办高校治理结构来说，引入外部的专业力量参与学校的治理，是学校内部强化规范办学、专业治理的关键举措。资源依赖理论主要强调组织的持续发展较大程度上取决于其获取外部资源的能力，可以通过加强与其他相关组织的联系，较快地获得必需的资源。[③]引入民办高校外部的专业力量参与学校治理，是对外部人力资源以及其他可能资源的一种获取。利益相关者理论认为任何组织的生存与发展都离不开各利益相关者的参与和投入，组织追求的必须是利益相关者的整体利益，而不仅仅是个别或部分主体的利益。[④]组织的管理者为综合平衡各个利益相关者的利益要求而进行管理活动。该理论强调在战略决策时兼顾众多利益相关方的意见，认为引入民办高校外部的专业力量参与学校的治理，有利于提高民办高校的公信力。教育市场化理论、两权分离理论、委托代理理论、法人治理结构理论、资源依赖理论和利益相关者理论，从民办学校治理的不同方面验证了引入民办学校外部的专业力量参与学校治理的可行性，为建立民办高校独立董事制度奠定了理论基础。

（二）发展之要

董事会独立性是指董事会作为一个独立的行为主体，在决策过程中所体

---

① 程昔武，朱小平．非营利组织治理结构：特征分析与框架构建[J].审计与经济研究，2008（3）：87-91.

② 王丽芳，赵晓康．论公司治理对企业技术创新的影响[J].河北学刊，2012（2）：144-147.

③ 余玉苗，周莹莹，潘珺．聘请退休政府官员背景独立董事给上市公司带来好处了吗？[J].经济评论，2015（1）：129-139，151.

④ 刘炯．企业高管薪酬决策评价体系及其应用研究[D].长沙：湖南大学，2010：23.

现出来的公正、不偏颇于任何一方利益的价值取向。[①]当前，面对民办高校法人治理中的诸多问题，民办教育理论界和实务界已渐成共识，即应充分发挥利益相关者的积极性，以适当的方式增加独立的专家董事、职工董事、学生董事等，并且在董事会成员结构上保证有一定比例的教育、法律、财务等方面的专家型董事。另有学者提出，在营利性民办学校和独立学院董事会中引入独立董事，探索建立独立董事制度，吸纳社会贤达、教育专家、管理专家出任独立董事，可以实现董事来源多元化，从而提高董事会决策的科学性。[②]在民办教育分类管理新阶段，新《民促法》和《国务院三十条》等规范性文件，对民办高校董事会制度，尤其是建立独立董事制度提出了一些创新性的规定。除了理论研究及制度设计层面已经将民办高校独立董事制度的建立作为推动民办高校治理现代化的关键措施之外，实践中已有一些民办高校举办者主动放弃控制权，比如，北京城市学院和上海杉达学院已开始通过非家族式的方式搭建校级领导班子。[③]实践证明，家族式管理的民办高校，可以在政府与自身的共同努力下，通过引入独立董事制度等措施实现管理制度和管理方式的转型。

（三）经验之维

独立董事制度最早起源于美国，并随后在日本、英国、加拿大和我国香港地区得到进一步发展，我国上市公司董事会独立董事制度是“舶来品”。2001 年中国证监会发布《关于在上市公司建立独立董事制度的指导意见》（证监发〔2001〕102 号），明确指出“上市公司应当建立独立董事制度”，并提出了上市公司建立独立董事制度的具体要求，对独立董事的任职资格、独立

---

① 王斌．论董事会独立性：对中国实践的思考 [J]. 会计研究，2006（5）：25-30，95.

② 周海涛，施文妹．完善民办高校法人治理结构的难题与策略 [J]. 江苏高教，2015（4）：13-16，95.

③ 金成，王华．经济回报、权力获得与自我实现——我国民办高校举办者办学动机探究 [J]. 教育发展研究，2016（21）：64-69.

性条件、独立董事选任、独立董事职权行使与职责履行、独立董事履职条件保障等七个方面做出了详细的规定，标志着我国正式引入独立董事制度。2005 年修订的《公司法》在法律层面规定上市公司应当设独立董事。2022 年 1 月，中国证监会将《关于在上市公司建立独立董事制度的指导意见》修订为《上市公司独立董事规则》（证监会公告〔2022〕14 号）。2023 年 4 月，国务院办公厅发布了《关于上市公司独立董事制度改革的意见》，启动上市公司独立董事制度改革，提出了明确独立董事职责定位、优化履职方式、强化任职管理、改善选任制度等八个方面的改革任务。2023 年 8 月，中国证监会再次将《上市公司独立董事规则》修改为《上市公司独立董事管理办法》（证监会令【第 220 号】）。从 2001 年至今，我国上市公司独立董事制度已全面建立了以法律、行政法规、部门规章、规范性文件，以及证券交易所相关规则、行业指引等为主体框架的制度体系，尤其是在公司法律制度层面确认之后，2023 年党中央、国务院对建立健全中国特色现代企业制度和中国特色现代资本市场的高度重视，进一步推动独立董事制度改革，充分发挥独立董事在上市公司治理中的作用，促进提高上市公司质量，标志着上市公司独立董事制度在我国"落地生根"，并成功实现"本土化"。

我国把一元制公司治理结构中培育出来的独立董事制度，引入到二元制公司治理结构中，即在已有监事会作为内部监督机构的基础上引入独立董事，使独立董事与监事会共同成为公司内部监督机制，是政府主导下的自上而下的强制性制度变迁，主要目的在于遏制大股东操纵下的内部人控制、增强董事会的独立性和强化内部治理的监督效能[①]。英美国家独立董事制度的产生源于分散股权结构，致力于解决第一个层面的代理问题，即所有者与经营者之间的利益冲突问题，克服股权分散容易产生的内部人控制问题。经过十几年的实践，我国独立董事制度正在从形式融合走向功能融合，基本完成了从

① 陈佳媛．我国上市公司独立董事职能发挥的现实困境及其制度克服 [D]. 绵阳：西南科技大学，2017：3.

“舶来品”到本土化的转型过程。从制度、实践及理论研究来看，独立董事的功能已从决策监督、咨询建议发展为参与决策、监督制衡和专业咨询三重职能。在决策监督职能方面，独立董事作为董事会成员，主要是通过参加董事会会议发挥决策作用，决策职能是独立董事作为一般董事的法定职能。把独立性为本质特征的独立董事引入董事会，发挥一元制公司治理结构的监督制衡职能，可以避免决策层与执行层之间的合谋行为，克服内部人控制的问题。独立董事强化董事会的监督职能，与监事会共同形成公司治理的内部监督机制。在专业咨询职能方面，独立性作为独立董事发挥决策监督职能的基础，专业性则是其发挥咨询建议职能的基础。从人力资本理论视角看，独立董事的专业技能经验、知识、声誉等必然成为上市公司的人力资本，[①]可以助力上市公司董事会科学决策。独立董事制度在上市公司的实践证明，其所具有的决策监督及咨询建议职能对于致力解决诸多法人治理问题的民办高校来说，具有重要的借鉴意义。

四、构建独立董事制度的框架设计

制度是一个社会博弈的规则，是一些人为设计的、形塑人们互动关系的约束。[②]民办高校独立董事制度是有关民办学校独立董事的法律概念、法律规范和法律原则的有机结合，可以为民办高校董事会的运行提供坚强的制度性保障。

（一）基本思路

第一，突出特色。由于民办高校不同于公司，民办高校独立董事制度的内涵一定程度上既要借鉴上市公司独立董事法律制度的基本理念，又要充分

① 魏莎，黄珺．独立董事职能研究综述 [J]. 财会通讯，2015（34）：48-50.

② 道格拉斯·C. 诺思．制度、制度变迁与经济绩效 [M]. 杭行，译．上海：格致出版社、上海三联出版社、上海人民出版社，2014：3.

体现其自身的特殊性，因而必须对民办高校进行“个性化”独立董事的法律制度设计。显然，必须着重突出“民办高校”中的“高校”，尤其是“非营利性民办高校”的特性。而对于营利性民办高校和教育培训机构，可在非营利性民办高校与一般公司法人的独立董事制度之间进行选择和调适之后制定。在框架设计以及后续的具体设计中，均应先对“民办高校”个性进行剖析，并贯穿独立董事法律制度构建全过程。

第二，分类分层。民办高校类型众多且复杂，包括营利性与非营利性、学历型与非学历型、全日制与非全日制等多种分类。不同类型的民办高校在董事会制度设计上的内在诉求与决策功能上有着较大的差异，为了确保在实际运行过程中不出现大的阻力，必须在制度设计时就把大多数的情况考虑进去。对民办高校独立董事制度进行一般框架性设计时，要针对民办高校的类型、层次、学段等“纵横立体式”的结构，建构全景式、系统性、立体式的民办学校独立董事制度体系。

第三，循序渐进。在民办高校分类管理背景下，如果对所有民办高校的独立董事制度做“全景式”系统性的设计，“毕其功于一役”也未尝不是好事。但是，在将独立董事制度引入民办教育领域的初期，尤其是民办教育分类管理政策的实施阶段，不仅难度是空前的，而且可能性也是存疑的。如果以其中有代表性的民办高校类型为切入点，比如对非营利性民办高校进行一般性的框架设计，并在随后可能的试点阶段总结经验之后，再进行营利性的民办高校独立董事制度设计，将会是更加实事求是的推进思路。

第四，顶层推动。建议由国家教育行政部门制定“关于在非营利性民办高校建立独立董事制度的指导意见”，对学校独立董事的内涵，强制建立的必要性，独立董事的资格与条件以及选任程序，独立董事的权利、义务与责任，独立董事职权行使与职责履行的内容与程序以及保障条件等基本内容进行具体规定，同时明确学历型的营利性民办高校参照适用。

（二）主要框架

第一，选任机制。民办高校的独立董事资格与条件，以及选任程序等相关规定，是独立董事制度的基础内容。民办高校独立董事的选任，必须结合我国民办高校的实际情况，在科学合理设计民办高校董事会的独立董事占比及人数的基础上，明确独立董事行使职权和履行职责所要求的品德、专业、经验，设定独立董事一般性资格条件以及明确独立性要求，并按照独立董事的独立性要求设计相应的提名、选任要求与程序、独立性审查、任期任届规定以及退出情形及其程序规定。

第二，权责配置。民办高校独立董事的权利、义务与责任等相关规定，是独立董事制度的核心内容。民办高校独立董事的权责配置，核心要义在于通过明确权利与义务的制度安排和否定性的法律评价，或规范或威慑，从而促使独立董事恪尽职守。在权利方面，学校独立董事享有新《民促法》及其他法律，行政法规，部门规章、规则与学校章程赋予董事的一般职权。学校还应当赋予独立董事特别职权和发表独立性意见的权利，维护学校整体利益，保证学校公益性。在职责方面，独立董事依照法律法规和章程，诚信、勤勉、独立履行职责，除了负有董事的一般义务与责任之外，还有保证独立董事身份和履职的独立性的义务与责任，不受学校捐赠人和举办者或出资人、实际控制人或者其他与学校存在利害关系的组织或个人的影响。

第三，运行机制。民办高校的独立董事的职权行使与职责履行的相关内容与程序规定，是独立董事制度的关键内容。董事会是一个“合议体”，其运行通常以会议制的形式出现，在依法定程序召集并议事，以及一人一票的表决制度下，可以发挥各个董事的自身优势，最终形成最有利于组织的决策或执行方案。在董事会的运行中，必须设计和规范独立董事职权行使与职责履行的相关内容与程序规定，这是保证独立董事依法、公正、透明、负责任地履职的一系列步骤、方法、时限规定。比如：明确独立董事特别职权的行使程序；设置董事会专门委员会作为独立董事职权行使的重要形式；明确独立董事应当严格按照规定事项的具体内容、工作要求和程序行使职权，以及规定独立董事发表独立意见的内容等。

第四，保障机制。民办高校独立董事的职权行使与职责履行的保障条件，是独立董事制度的重要内容，也必然是董事会制度建设中的关键。必须建立一系列与独立董事行使职权和履行职责相适应的保障制度。比如：学校应当保证独立董事享有与其他董事同等的知情权，提供独立董事履职所必需的工作条件；学校董事会秘书或有关人员应积极协助和配合独立董事履职，不得拒绝、阻碍或隐瞒以及不得干预；学校应当给予独立董事适当的津贴，建立必要的独立董事责任保险制度，以降低独立董事正常履行职责可能导致的风险等。

第二节　举办者相关制度

任何一个组织的发展都离不开各利益相关者的投入或参与，组织追求的是利益相关者的整体利益，而非某些主体的利益。利益相关者理论强调在战略决策时兼顾众多利益相关方的意见，尤其是在民办高校中，举办者是学校最重要的利益相关者之一。在举办者控制型董事会中，举办者如何规范地参与学校治理是董事会独立性内部生成制度中的核心议题之一。举办者相关制度，由举办者的法律地位、举办者变更制度和举办者参与董事会决策和管理等一系列制度组成，是本研究的重点内容。

一、举办者法律地位

新《民促法》及其配套政策正式实施之后，标志着民办教育分类管理改革的顶层设计已经完成，也初步形成了以非营利性与营利性民办高校的基本分类为逻辑起点的民办高校举办者法律地位的规范指引，尽管未直接明确民办高校举办者的法律地位及合法权益的主要外延，但是为举办者法律地位的重构和夯实提供了重要契机。当前，如何从理论与规范的双重视角，合理阐释、澄清、界定民办高校举办者的法律地位，是进一步提升民办高校治理水平的重要举措。

（一）举办者法律地位的概念界定

关于民办高校举办者法律地位的概念界定，主要关系到如何科学界定举办者的权利义务，理顺举办者与民办高校之间的关系，是民办高校举办者法律地位研究的逻辑起点。

何为民办高校举办者？学校“举办者”概念最早出现在20世纪80年代末，随着教育管理体制改革的深入，“举办者”的内涵愈加清晰。民办高校举办者是民办高校的灵魂，在民办高校的筹设、运营、终止阶段发挥着重要作用。如何理解民办高校举办者的法律地位？首先必须对“举办者”的词源进行考察和释义。一般意义上的举办者，就是组织活动或者办理事业的人。《辞海》中未发现“举办者”一词，仅有关于“举办”一词的释义，“举”和“办”均为动词，“举”有“发起，兴起”之义，“办”有“创设”之义。另有《汉语大辞典》对“举办”解释为“举行（活动）；办理（事业）”，即组织开展一项活动或者事业。由此可知，基于“举办”一词的“举办者”，即为“组织活动或者办理事业的人”，涵盖“自然人、法人、非法人组织”类型。值得注意的是，民办高校的举办者区别于办学者、创办者。学校的举办者与办学者是两个不同的概念，前者主要指学校的创立，更多反映的是学校由谁设立、为谁所有的“所有权”问题；而后者则更多地反映了学校由谁经营的“经营权”问题。[①] 学校举办者与创办者既有区别也有联系。一方面，举办者是一个法律概念，这个概念强调举办者对于学校的控制，创办者并非一个严格的法律概念，主要是一个学术和历史的概念，指初办民办学校的人，突出

① 祝爱武．高等教育办学主体结构调整的策略选择[J].现代教育管理，2014（4）：65-69.

其对学校的奠基性作用；举办者可以变更，创办者一般不会改变，创办者通常是某个自然人而非社会组织。[①]另一方面，作为民办高校的创办者一般应该是民办高校历史上的举办者，而学校成立之初早期的举办者更多是创办者。在民办高校成立之后，民办高校的一些捐赠者不成为学校的举办者，民办高校举办者并非一般的单纯出资人、捐赠人或办学人。

如何理解民办高校举办者的法律地位？首先，什么是法律地位呢？一般认为，法律地位是指法律主体享有权利或者承担义务的资格。《牛津法律大辞典》称法律地位是法律人格的属性之一，特指一个人在法律上所居的地位，该种地位决定其在特定情况下的权利和义务。[②]《元照英美法辞典》对“法律地位”的解释差异不大，认为“法律地位是法律人格的属性之一，尤指自然人的人格。特指一个人在法律上所处的地位，而这又决定其在特定法律关系中的权利和义务”[③]。《法学大辞典》在前面两种解释的基础上有所深化，认为法律地位是指“授予某人特定的权利和义务，是只有在他们居于特殊职位，享有特殊资格或执行特殊任务时才具有的特殊权利或责任，因而不是他们真正的法律关系”[④]。法律地位，即法律规定的法律关系主体的权利和义务的实际状态，一般而言，法律地位是指在法律上的规定或者定位，即在法律关系中所处的地位。[⑤]简言之，法律地位的本质问题，是一个人格问题或资格问题，是基本的社会地位。[⑥]因此，结合对民办高校举办者内涵和外延的梳理，我们认为民办高校举办者的法律地位是指以出资、筹资等方式，发起、倡议并具体负责创办民办高校的社会组织或公民个人，在法律上所享有

---

① 王一涛．民办高校的内部治理与国家监管——基于举办者的视角[M]．北京：中国社会科学出版社，2019：5.

② 戴维·M．沃克．牛津法律大辞典[M]．北京：光明日报出版社，1988：385.

③ 薛波．元照英美法辞典[M]．北京：法律出版社，2003：1288.

④ 邹瑜，顾明．法学大辞典[M]．北京：中国政法大学出版社，1991：1040.

⑤ 左然．中国现代事业制度建构纲要——事业单位改革的方向、目标模式及路径选择[M]．北京：商务印书馆，2009：45.

⑥ 王利民．人的私法地位（第2版）[M]．北京：法律出版社，2013：134.

的权利能力、行为能力及责任能力，既包括民事关系中的法律地位，也包括行政关系中的法律地位。

（二）举办者法律地位的演变历程

民办高校是民办学校的重要组成部分，民办高校举办者权利义务的演变历程，主要反映在民办教育法律法规中关于民办学校举办者的权利义务之中。

民办学校举办者的权利与义务经历了从无到有、从简到繁的演变。从国家教委发布的《关于社会力量办学的若干暂行规定》（1987 年），国务院发布的《社会力量办学条例》（1997 年）、《民促法》（2002 年）、《民促法实施条例》（2004 年）、《民促法》（2016 年）和《民促法实施条例》（2021 年）等相关条文，可以较为充分展示民办学校举办者法律上的权利与义务。

第一，早期法规规章中规定的举办者权利与义务。通过对《关于社会力量办学的若干暂行规定》（1987 年）文本中“举办者”关键词检索，以及人工检阅，发现共有三项条文与举办者的权利与义务存在关联，即第三条获得表彰和奖励的权利、第十条变更权和第十八条剩余财产分配权。随后，通过对《社会力量办学条例》（1997 年）文本中“举办者”关键词检索，以及人工检阅，发现共有八项条文与举办者的权利与义务存在关联，主要是第一条制定目的、第十二条获得奖励的权利、第十六条提交申请举办教育机构相关材料的义务、第二十一条学校重大事务参与权（其中第一款为表决权，第二款为成员权，第三款为选举权）、第二十二条提名权、第四十一条终止办学权、第四十三条剩余财产分配权、第五十一条举办者违法出资责任。在这两个法律文本中，《社会力量办学条例》（1997 年）涉及举办者的八项权利与义务中，包括了《关于社会力量办学的若干暂行规定》（1987 年）获得表彰和奖励的权利和剩余财产分配权。《关于社会力量办学的若干暂行规定》（1987 年）中的“变更权”，在《社会力量办学条例》（1997 年）中未能得到继续保留。

第二，《民促法》（2002 年）和《民促法实施条例》（2004 年）中规定的举办者权利与义务。通过对《民促法》（2002 年）文本中“举办者”关键词检索，以及人工检阅，发现共有十项条文与举办者的权利与义务存在关联，主要是第五条合法权益受到保障的权利、第十二条提交申请筹设学校相关材料的义务、第十三条过期重新申报的权利、第十四条提交申请正式设立学校相关材料的义务、第二十条成员权、第三十五条民办学校对举办者的投入享有法人财产权、第四十四条获得奖励和表彰的权利、第五十一条获取回报权（区分出资人与举办者，不完全一样）、第五十四条变更权、第六十二条擅自改变举办者的处罚。紧接着，通过对《民促法实施条例》（2004 年）文本中“举办者”关键词检索，以及人工检阅，发现共有九项条文与举办者的权利与义务存在关联，主要是第三条获得奖励和表彰的权利、第四条自主举办权和明确责任的义务、第五条举办者出资类型、第六条公办学校作为举办者的权益及特殊义务、第七条依法评估出资义务、第八条出资义务、第九条学校重大事务参与权（第一款为选举权，第二款为表决权）、第十二条提出正式设立申请的权利、第四十四条取得回报权。在这两个法律文本中，《民促法实施条例》（2004 年）涉及举办者的九项权利与义务中，再次强调了《民促法》（2002 年）的获得表彰和奖励的权利和获取回报权。《民促法》（2002 年）的“举办者合法权益受到保障的权利”“成员权”“民办学校对举办者的投入享有法人财产权”“变更权”“擅自改变举办者的处罚”，在《民促法实施条例》（2004 年）中不再重申。《民促法实施条例》（2004 年）中关于学校设立的权利和义务只有“提出正式设立申请的权利”，补充了《民促法》（2002 年）对于举办者从筹设到正式设立学校的权利与义务的规定。《民促法实施条例》（2004 年）中的“自主举办权和明确责任的义务”“举办者出资类型”“公办学校作为举办者的权益及特殊义务”“出资义务”“依法评估出资义务”“学校重大事务参与权”，属于新增的举办者的权利与义务规定，是对《民促法》（2002 年）的进一步细化和拓展。

第三，《民促法》和《民促法实施条例》（2021 年）中规定的举办者权利与义务。通过对《民促法》（2016 年）文本中“举办者”关键词检索，以及人工检阅，发现共有十四项条文与举办者的权利与义务存在关联，主要是第五条合法权益受到保障的权利、第六条获得奖励和表彰的权利、第十三条提交申请筹设学校相关材料的义务、第十四条重新申报的权利、第十五条提交申请正式设立学校相关材料的义务、第十九条自主举办权和获取收益权、第二十条学校重大事务参与权、第二十一条成员权、第三十六条民办学校对举办者的投入享有法人财产权、第四十五条获得奖励和表彰的权利、第五十四条变更权、第五十九条剩余财产分配权、第六十二条擅自变更举办者的处罚、第六十四条擅自办学的处罚。

紧接着，通过对 2021 年审议通过的《民办教育促进法实施条例》文本中“举办者”关键词检索，以及人工检阅，发现共有二十项条文与举办者的权利与义务存在关联，主要是第二条自主举办权、第三条获得奖励和表彰的权利、第五条自主举办权与明确责任和履行举办者职责的义务、第六条举办者的资格条件与出资形式、第七条公办学校作为举办者的权益及特殊义务、第八条依法评估出资的义务、第十条募集资金权与出资和信息披露义务（第一款为出资义务，第二款为募集资金权、信息披露义务）、第十一条学校重大事务参与权（第一款为选举权，第二款为表决权和管理权）、第十二条变更权、第十七条提出正式设立申请的权利、第十九条章程规定主要事项、第二十六条成员权、第四十五条举办者与学校关联交易的限制、第四十七条建立举办者信用制度、第四十八条审批机关公开举办者信息义务、第五十七条获得奖励和权益受到保护的权利、第六十一条合法权益受到保障的权利、第六十二条擅自变更举办者的处罚、第六十四条疏于管理与监督的处罚、第六十五条擅自举办学校和招生的处罚。随后，还通过对《营利性民办学校监督管理实施细则》（2016 年）法律文本中“举办者”关键词检索，以及人工检阅，发现共有六项条文与举办者的权利与义务存在关联，主要是第二条举办权、第五条提出正式设立申请的权利、第十一条提交申请筹设学校相关材料的义务、第十二条提交申请正式设立学校相关材料的义务、第三十条真实出资义务和获得回报权、第四十八条举办权受限情形。

前述法律文本中，关于举办者的权利与义务的规定变化较大：《民促法》（2016年）涉及举办者的权利与义务的条文由《民促法》（2002年）时的十个增加到现在的十四个，增加了“自主举办权”“学校重大事务参与权”“剩余财产分配权”“擅自办学的处罚”四项权利义务，其中“自主举办权”“学校重大事务参与权”“擅自办学的处罚”是对《民促法实施条例》（2004年）的吸收；“剩余财产分配权”则借鉴了《关于社会力量办学的若干暂行规定》（1987年）和《社会力量办学条例》（1997年）中的规定。《民促法》（2016年）还从国家和地方两方面细化了“获得奖励和表彰的权利”的规定，《民促法实施条例》（2021年）涉及举办者的权利与义务的条文由《民促法实施条例》（2004年）时的九项增加到现在的二十二项，增加了“履行举办者职责的义务”“募集资金权”“信息披露义务”“变更权”“章程规定主要事项”“成员权”“举办者与学校关联交易的限制”“建立举办者信用制度”“审批机关公开举办者信息义务”“合法权益受到保障的权利”“擅自变更举办者的处罚”“擅自举办学校和招生的处罚”和“疏于管理与监督的处罚”十三项规定，其中“变更权”“成员权”“合法权益受到保障的权利”“擅自变更举办者的处罚”是对《民促法》（2002年）相关内容的借鉴和细化。《民促法实施条例》（2004年）的“取得回报权”在《民促法实施条例》（2021年）中已予以取消。《营利性民办学校监督管理实施细则》（2016年）涉及的“举办权”“提出正式设立申请的权利”“提交申请筹设学校相关材料的义务”“提交申请正式设立学校相关材料的义务”“真实出资义务和获得回报权”，参照了《民促法》（2002年）和《民促法实施条例》（2004年）中举办者相关权利与义务的规定。《营利性民办学校监督管理实施细则》（2016年）还新增了举办者举办权受限的规定，通过列举举办者举办权受限的情形，更好地规范举办者举办权。

（三）民办高校举办者的法律地位

民办高校举办者的法律地位，与民办高校的组织性质直接相关。《民法典》及新《民促法》明确的非营利性民办学校作为非营利法人与营利性民办学校作为营利法人，基本框定了非营利性民办高校举办者与营利性民办高校举办者分别作为“捐赠者”和“出资者”的法律“底色”。换句话说，理解民办高校举办者的法律地位，必须从民办高校举办者作为一般意义上的“捐赠者”和“出资者”的理解出发，分类勾勒或素描非营利性民办高校举办者与营利性民办高校举办者的概貌。

1. 举办者的基础地位：“捐赠者”与“出资者”

在现有民事一般法律和民办教育特别法律的框架下，非营利性民办高校的组织性质是非营利法人中的社会服务机构，且为捐助法人。具体而言，现行《民法典》第八十七条规定，非营利法人是为公益目的或者其他非营利目的成立，不向出资人、设立人或者会员分配所取得利润而成立的法人，包括事业单位、社会团体、基金会、社会服务机构四种类型。在民法理论上社团法人和财团法人分类之下，《民法典》第九十二条根据非营利法人中以捐助财产设立的公益法人又进一步做出规定，明确为公益目的以捐助财产设立的具备法人条件的基金会、社会服务机构等，经登记可以取得捐助法人资格。与此同时，新《民促法》第十九条第二款明确规定，非营利性的民办高校不得向出资者分配投资收益，办学所得的盈余只能用于维持民办高校的正常经营学习活动；还有第五十九条规定非营利性民办学校清偿债务后的剩余财产应当继续用于其他非营利性学校办学。根据新《民促法》第十九条第二款和第五十九条的规定以及《民法典》第八十七条对非营利法人的立法定义，不难看出，非营利性民办高校应当属于非营利法人中的社会服务机构。当前，在国家层面关于“社会服务机构”已经成为代替“民办非企业单位”的新概念。在《民法典》提出“社会服务机构”以及早在《民法典》颁布之前，国家民政部门旨在更准确反映社会服务机构的定位和属性，已着手对《民办非企业单位登记管理暂行条例》进行修改，并向社会各界发布《社会服务机构登记管理条例（征求意见稿）》征求意见，在该征求意见稿第二条中对“社会服务机构”进行了界定，明确“本条例所称的社会服务机构，是指自然人、法人或者其他组织为了提供社会服务，主要利用非国有资产设立的非营利法人”。显然，当前很大一部分登记为民办非企业单位的非营利性民办高校，即为现行法律框架下以专业服务为专长的社会服务机构，结合《民法典》第九十二条取得捐助法人资格的规定，经过登记之后即成为捐助法人。①

现行的一般商事法律和特别的民办教育法律法规明确，营利性民办高校是教育领域的商事主体，是营利性法人，且必须是有限责任公司、股份有限公司和其他企业法人等。公司作为一种技术构架，实乃自然人创造财富、加强社会互助的工具，它可集众人之力，让陌生人之间的合作成为可能，堪称人类社会最伟大的发明创造之一。②根据 2017 年《民办学校分类登记实施细则》（教发〔2016〕19 号）第九条的规定，获得批准设立的营利性民办学校应当向工商行政管理部门登记。显然，新法框架下的营利性民办高校被视为教育服务产业中的商事主体。而根据新《民促法》第二条，营利性民办高校只可以公司的形式设立登记。《工商总局教育部关于营利性民办学校名称登记管理有关工作的通知》（工商企注字〔2017〕156 号）规定，营利性民办学校应当按照《公司法》和新《民促法》的有关规定，登记为有限责任公司或者股份有限公司，其名称应当符合公司登记管理和教育相关法律法规的规定。地方性法规规章的相关条文落实了这一规定。以上海为例，2017 年《上海市民办学校分类许可登记管理办法》第九条规定，营利性民办学校在设立登记时，其名称应当包含“有限责任公司”或“股份有限公司”等公司组织形式的部分，这一规定与《公司法》第八条的规定相一致。显然，营利性民办高校与非营利性民办高校相比，在举办者的身份和权利、学校办学激励、与市场的关系以及办学收益的分配规则等重要问题上均存在着本质性的差别。③

---

① 程楠．“民非”为何变身“社会服务机构”——访民政部民间组织管理局副局长黄茹 [J]. 中国社会组织，2016（9）：23-24.

② 马克思，恩格斯．马克思恩格斯选集（第 2 卷）[M]. 北京：人民出版社，2012： 283.

③ 齐英程．“分类管理”背景下营利性民办学校的治理结构设计 [J]. 中国教育学刊，2019（7）：14-18.

2. 举办者的特殊地位：在“捐赠者”与“出资者”之外

就非营利性民办高校举办者而言，其与一般社会服务机构的“捐赠者”的法律地位不尽相同。而对于营利性民办高校举办者的法律地位而言，与一般公司股东的法律地位既有相同之处，也有明显差异；无论是举办者作为“捐赠者”抑或“出资者”，仅仅构成举办者的基础地位而已。在举办者基础地位之外，探讨民办高校的组织特性以及举办者在“捐赠者”或“出资者”之外的特性，可以进一步廓清并决定民办高校举办者法律地位的全貌。

值得注意的是，由全国人大常务委员会法工委行政法室副主任黄薇主编的《中华人民共和国民办教育促进法实用问答》，对新《民促法》修改的背景、意义和精神进行解答。“从性质上看，营利性民办学校属于公司，举办者可以从办学结余中分配利润……应当说明的是，营利性民办学校并不等同于一般的公司，必须体现民办教育的公益性，必须遵守法律、法规，贯彻国家的教育方针，保障教育质量，致力于培养社会建设事业的各类人才，不能将营利作为学校的唯一目标，更不能通过举办学校牟取暴利。”由此立法说明可见，在立法层面是将营利性民办高校作为公司法人看待的，营利性民办高校与一般公司最大的不同体现在其公益性特征上。现行一般性商事法律规范无法体现出这一特征上的差异。营利性民办高校在运行过程中既要遵循企业法人的逻辑，也要符合教育的规律，不能将教育作为单纯营利的手段，无视教育所承担的培养人才的使命。[①] 较一般公司而言，营利性民办高校应当在一般商事组织法与行为法基础上，适用民办教育法律法规规章的特殊规定。

显然，无论是营利性还是非营利性民办高校举办者的法律地位如何，均需在全面梳理和综合公司法、捐赠法等一般法律法规和民办教育领域的特别法律法规之后进一步予以明确。此外，民办学校的举办者具有“捐赠者”或“出资者”的基础地位，由于并非所有的捐赠者或出资者都必然成为举办者，

① 齐英程．“分类管理”背景下营利性民办学校的治理结构设计 [J]. 中国教育学刊，2019（7）：14-18.

因而澄清和明晰作为与一般的捐赠者或出资者不同的举办者特性具有特别重要的意义，而这由非营利性民办高校和营利性民办高校的组织性质决定，且又必须进一步归入到“非营利性民办高校举办者的法律地位”和“营利性民办高校的法律地位”中进行具体探讨。

（四）民办高校举办者的权利义务

从非营利性民办高校作为捐助法人的组织性质出发，非营利性民办高校举办者与非营利性民办高校之间是一种平等的权利义务主体关系，举办者与非营利性民办高校之间形成的是基于财产投入行为而非基于法律规定而享有的权利，其权利的内涵与形式主要以民事法律主体为基础。非营利性民办高校举办者的权利既有作为一般“捐赠者”的权利，也有作为非营利性民办高校特别“捐赠者”的权利，这个“特别”是作为学校的创始成立“捐赠者”，主要在民办教育的法律法规中有相关规定。

权利体现立法的价值目标，义务保障权利和价值目标的实现，两者具有一致性。[①] 举办者在享有权利的同时，应承担相应的义务；只行使权利而不履行义务，就必须承担相应的责任。非营利性民办高校举办者同时也有作为特别“捐赠者”和一般“捐赠者”的义务。举办者作为特别的“捐赠者”，在享有参与办学和管理权利、获得奖励和表彰权利、办学监督权利以及其他相应权利的同时，也负有相应的义务。

营利性民办高校举办者的法律地位，主要体现在举办者的权利和义务之中。也即，现行营利性民办高校举办者的权利和义务状况主要反映其法律地位。基于营利性民办高校作为公司法人的组织性质出发，营利性民办高校举办者与营利性民办高校之间形成的是一种平等的权利义务主体关系，举办者与营利性民办高校之间是基于财产投入行为而非基于法律规定而享有的权利，其权利的内涵与形式主要以民事法律主体为基础。营利性民办高校举办者的

---

① 张文显 . 法理学（第 3 版）[M]. 北京：高等教育出版社，2007：147.

权利既有作为一般“出资者”的权利，也有作为营利性民办高校特别“出资者”的权利。

营利性民办高校举办者与非营利性民办高校举办者均应承担特别义务。营利性民办高校举办者应承担的、而非营利性民办高校举办者不承担的义务，例如举办者按时、足额履行出资义务等。营利性民办高校举办者作为“出资者”（股东）的一般性义务，也即股东有义务向公司出资。出资是股东最重要的义务，是指股东按照他认购的股份金额或是承诺的出资额，缴纳股款给公司。还有，遵守公司的章程，股东对公司所负的债务承担责任，股东在公司存续期间不得抽回出资，以及发起人股东的差额填补责任。

二、举办者变更政策

民办高校作为典型的利益相关者组织，其举办者占据中心地位，是办学原始资源的主要投入者、学校的创造者和建设者，举办者的办学能力关系民办高校的生死存亡。民办高校举办者的变更备受社会关注，也直接影响民办高校治理水平，是民办高校董事会独立性研究的重要内容之一。新《民促法》和《民促法实施条例》（2021 年）以及《营利性民办学校监督管理实施细则》均对“民办学校举办者及举办者变更”作出了相应规定，使民办高校举办者变更政策不断得以完善。举办者变更主要是指民办高校创设成功后，增减举办者的情形，在实践中多指出资者的变更。新《民促法》第五十四条针对民办学校举办者变更程序，规定：“须由举办者提出，在进行财务清算后，经学校理事会或者董事会同意，报审批机关核准。”当前，民办高校举办者的变更仍有诸多不足，尤其是举办者变更制度不完善、变更程序不规范及变更清算程序不规范、变更审批程序仍需强化等问题的存在，加大了民办高校举办者变更的难度，甚至影响民办高校生存与社会的安全稳定。在新发展阶段，进一步完善民办高校举办者变更程序并加强对民办高校举办者变更的监督管理，关系到民办高校的高质量发展。

（一）举办者变更政策的发展历程

“如果没有对过去的整合，则既难以回溯我们过去的足迹，也难以找到未来的指导路线。”[①]政策变迁是公共政策研究中的核心议题，旨在说明一项公共政策经历的演进或变化。民办高校举办者变更政策实质是政策主体不断根据我国各个时期社会发展和教育进步的需要而做出的价值选择。在民办高校发展的不同时期，举办者变更政策的价值取向总是或强或弱、或显性或隐性地影响民办高校的改革与发展。

第一，起步探索阶段（1978—2002 年）。民办高校举办者变更政策寓于民办教育政策之中，随着民办教育相关制度的恢复而萌芽并不断发展。1987 年，国家教委出台《关于社会力量办学的若干暂行规定》（以下简称《暂行规定》），它作为我国民办教育领域第一个专门规章，第一次全面对“社会力量”的含义、地位、设置等做出规定，明确了社会力量办学的重要地位。《暂行规定》第十条明确，经批准举办的学校，变更其名称、类别、层次、专业，更换举办单位或举办人，改变隶属关系或停办，均须按原设立审批程序办理。而原审批程序在《暂行规定》第六条至第八条中进行了规定，若举办者为单位的需由上级主管部门出具同意办学证明，若举办者为在职人员则需所在单位批准并出具证明，非在职人员则由街道办事处、乡镇人民政府出具办学证明，并由上述单位对办学方向、宗旨及负责人的相关情况出具书面审核材料，经有关教育行政部门批准。由此可见，民办高校举办者变更即新举办者按照上述程序进行审批并开具相关证明材料，但对于原举办者是否需按照设立审批程序注销其举办者身份，《暂行规定》并未予以明确。此处将变更程序与原设立审批程序同样要求，体现出立法者将举办者变更视为民办学校重新设立的理念和价值选择。该规定忽视了举办者变更问题的重要性，按原设立审批程序办理实质上使举办者变更程序更加繁复。20 世纪 90 年代初，全国民办

① 伯尔曼．法律与革命——西方法律传统的形成 [M]. 贺卫方，译．北京：中国大百科全书出版社，1993.

高校及民办高等教育机构数量接近500所，[①]但由于民办教育正处于起步阶段，相关法律法规未对民办学校举办者变更问题单独予以规定，使得举办者变更实践中存在诸多乱象。此后，随着市场经济体制的建立，民办教育开始走向市场化，其地位也从公办教育的补充转变为国家教育事业的重要组成部分。尽管如此，原国家教委1995年颁布的《中外合作办学暂行规定》仍未对合作办学举办者变更问题做出相应规定。国务院1997年颁布的《社会力量办学条例》，作为第一个民办教育行政法规，第三十九条规定教育机构改变名称、性质、层次，应当报审批机关批准，变更其他事项，应当报审批机关备案。该条例并未明确举办者变更的具体程序和规则，而将其区别于教育机构改变名称、性质和层次，被归类到变更其他事项之中。这说明，该阶段国家对于民办学校举办者变更问题未予以足够重视，但较之《暂行规定》中适用原设立审批程序有明显的进步，即逐渐放开举办者变更的管控，由审批制转变为备案制。

第二，逐步发展阶段（2003—2015年）。该阶段是民办教育政策与法律制度体系基本形成时期，民办高校举办者变更政策逐渐规范和细化，但相关基础概念及具体特殊情形的变更条件与要求仍不明确。2003年，原《民促法》等政策法规的实施，逐步构建起相对完善的民办教育法律体系，为民办教育的发展提供了法制保障，促进了教育观念的转变及办学体制、教育体制的发展。原《民促法》第八章“变更与终止”以专章的形式规定了民办学校变更与终止问题，程序设计趋于规范化和体系化。其中第五十四条专门针对举办者变更问题做出规定，即由举办者提出，在进行财务清算后，经学校董事会同意，报审批机关核准。2004年，国务院颁布实施的《民办教育促进法实施条例》，其第二章专章规定“民办学校举办者”出资的相关内容、制定章程、推选决策机构组成人员及参加决策机构的程序和权限等内容，但未涉及举办者变更程序的细化流程问题。随后，国家颁布了原《民促法》的一系

① 安杨．我国民办教育政策法制建设60年[J]．北京教育学院学报，2009（6）：63-66.

列实施细则，如，财政部、国家税务总局发布《关于教育税收政策的通知》（2004），教育部办公厅发布《关于启用〈民办学校办学许可证〉有关问题的通知》（2004），发改委等三部门印发《民办教育收费管理暂行办法》（2005），但并未涉及民办高校举办者变更相关问题。直至教育部2007年施行的《民办高等学校办学管理若干规定》第八条、2008年施行的《独立学院设置与管理办法》第四十八条，才分别对民办高校举办者变更问题做了明确规定，主要表现为援引了原《民促法》第五十四条之规定。该阶段，在原《民促法》的基础上，民办高校举办者变更由专门的法律条文予以明确，其中独立学院举办者变更虽与原《民促法》中的程序性规定相同，但在《独立学院设置与管理办法》中予以明确，亦体现出民办高校举办者变更政策的不断完善。从变更程序与设立程序相同，逐渐转变为由单独的法律条文规定独立的变更程序，民办高校举办者变更程序逐渐规范化和具体化，但仍存在民办高校章程在举办者变更中的地位和作用不明、内部表决程序不清、举办者为法人控股股东和实际控制人变更的情形未明确等问题。

第三，全面深化阶段（2016年至今）。该阶段是民办教育政策与法律制度体系全面深化时期，也是民办高校举办者变更政策深化阶段。2016年，新《民促法》在民办学校举办者变更问题上并未对原《民促法》进行修改，而是沿用相关规定。不过，在新法基础上，国家相关部门颁布了《关于加强民办学校党的建设工作的意见（试行）》（2016）、《民办学校分类登记实施细则》（2016）、《营利性民办学校监督管理实施细则》（2016）等新政。其中《营利性民办学校监督管理实施细则》第七章“变更与终止”中第三十六条、第三十七条做出“营利性民办本科高等学校分立、合并、终止、名称变更由教育部审批，其他事项变更由省级人民政府核准”的规定。2021年4月7日国务院颁布修订后的《民促法实施条例》针对不同类型举办者的特殊情况做了详细规定，比如对捐资、设立基金会的方式举办民办学校的限制性规定、外商投资企业及外方为实际控制人的社会组织举办民办学校的限制性规定、公办学校举办或参与举办民办学校的限制性规定等内容，并优化了举办者变更机制。其中第十二条、第十九条、第二十六条详细规定了民办学校举办者变更的程序，即区分两种情况，一是签订变更协议但不涉及学校法人财产的；二是现有民办学校举办者变更的，可以依据其享有的合法权益与继任举办者协议约定变更收益的。这应是根据营利性与非营利性民办学校的划分，对变更协议能否约定收益进行区分。另外，针对举办者不具备法定条件、举办者为法人控股股东和实际控制人变更的情形也做了规定，并明确要求将举办者变更、权益转让办法写入民办学校章程，详细规定了举办者变更内部表决程序。2020 年 7 月 21 日，教育部办公厅印发《关于转发全国人大常委会法制工作委员会〈对营利性民办学校决策机构法律适用问题的答复意见〉的通知》，明确营利性民办学校股权变更如涉及举办者变更的适用新《民促法》第五十四条规定。该阶段，民办高校举办者变更政策规定更加细化、具体，并首次增加了章程规定及内部表决程序，体现了国家赋予举办者变更意识自治的权利。国家基于稳定性与有效性的双重考量，对民办高校举办者变更持着“控制为主、自治为辅”的治理取向。从政策的演变历程来看，我国民办高等教育始终在“鼓励与限制并行”的制度夹缝中成长，制度鼓励与政策紧缩，宏观肯定与微观控制始终并行。

（二）举办者变更政策的实践困境

民办高校举办者变更政策演变的实质是国家和民办高校作为行动主体在法律政策场域约束下复合或冲突的过程，其结果是陷入诱致政策发生改变的“回应式困境”，政策的有效性取决于在现有制度环境下民办高校举办者变更发展困境能否得到破解。当前，尽管民办高校举办者相关新法新政陆续出台，但举办者变更政策仍存在诸多问题，亟须在中央和地方层面加快法律法规修订的进程，突破民办高校举办者变更政策的现实困境。

第一，变更制度体系亟待补强。民办高校举办者变更制度作为一种极其重要的稀缺性资源，是影响民办高校发展的重要内生变量和决定性因素。[①]举办者变更制度是支撑民办高校治理现代化的重要制度，但实践中民办高校举办者变更存在诸多亟待解决的理论和实践问题。首先，民办高校举办者的法律地位尚未明确。探究民办高校举办者的法律地位（包括举办者的权利义务）是掌握举办者变更的核心。但现有法律规范中涉及举办者权利义务的规定并不明确。实践中，民办高校举办者可依据学校章程规定的权限、程序参与办学和学校管理，大多会采用进入董事会（理事会）的方式掌控民办高校事务的决策权。至于举办者是否享有收益权问题，新《民促法》规定，非营利性民办高校举办者不能取得办学收益，学校的办学结余需全部用于办学，导致其财产性权益大大降低；营利性民办高校举办者可以取得办学收益，并确立了可以依照《公司法》等有关法律、行政法规的规定处理学校的办学结余的原则，但具体实践及程序的内容尚需进一步完善。其次，民办高校举办者的变更类型规定不清。目前，根据主体不同，民办高校举办者主要有自然人或企业单独作为举办者、企业和自然人共同作为举办者、多方共同成为举办者和民办高校与企业合力担任举办者等情况。举办者主体不同则举办者变更类型也不同，但新《民促法》仅笼统地规定了一般程序，并未明确特殊类型的变更内容。此外，在捐资办学的情况中，学校的财产主要来自企业、个人、社会团体或者基金会的捐赠，并非举办者的出资，学校获得捐赠财产的所有权，捐赠者成为举办者，但学校成立后的后续捐赠者，在学校征得原捐赠人或其遗产执行人同意后，报审批部门核准，也可成为共同举办者。前述实践中存在的举办者变更类型并未在相关法律政策中予以明确规定，与全面、规范和系统的举办者变更制度体系相去甚远。

第二，变更决策程序亟须规范。高校的理念和目标都不可能自动实现，需要通过一整套的制度安排来实现，而这些制度安排就是治理结构。高校内部治理制度相当于高校的法律制度体系，制度的完善对促进学校的可持续发

① 贺武华，高金岭．高等教育发展的制度变迁理论解释[J]．江苏高教，2004（6）：24-27.

展具有重大意义。[①]民办高校举办者变更政策中，征得学校董事会同意，是重要的内部决策程序。民办高校董事会是决策机构，对学校的重大事项享有决定权，而对于董事会的决策机制，新《民促法》并没有更详细的规定。《民促法实施条例》（2021 年）第二十六条规定变更举办者需 2/3 以上组成人员同意。实践中，一些民办高校的举办者或其代理人担任董（理）事长，并选派家族成员进入董事会，使家族利益始终在决策上处于优势地位。举办者对学校发展享有绝对控制权，在民办高校权力结构体系中，举办者独自享有民办高校决策管理权，且权力行使缺乏有效约束、随意性较大。家族管理模式下的民办高校，其内部治理存在家族化倾向，各主体间血缘关系亲密，唯有服从与不服从，缺乏平等协商与民主监督，亲情伦理关系占据主导地位，极易存在举办者操纵学校董事会的情况，在举办者变更时容易以自我意志为中心，从而影响举办者变更的科学性和民主性。高校的领导者“对一所大学的成功创建、平稳运行、革故鼎新、进步发展都具有决定性的影响和作用”[②]。民办高校法人治理结构不科学、不完善，高度依赖举办者意志，举办者变更决策未经科学民主的表决程序等，均会使民办高校陷入巨大的办学风险。此外，新《民促法实施条例》第十九条规定，民办学校章程应当规定“举办者的权利义务，举办者变更、权益转让的办法”，但具体落地执行尚需一定时日。

第三，变更清算程序有待优化。程序本身以一定的实质性价值为基础和内容，[③]民办高校财务风险是诸多内外部原因共同叠加的结果，[④]财务清算程序不规范是其中重要的内部原因。财务清算作为资产清查的一种形式，是民办高校举办者变更的重要程序。新《民促法》仅在第五十四条中规定要进行

① 高馨，孙颖，朴雪涛．非营利性民办高校内部治理结构的问题及对策 [J]. 浙江树人大学学报（人文社会科学版），2020，20（3）：33-37.

② 眭依凡．大学校长的教育理念与治校 [M]. 北京：人民教育出版社，2001：1.

③ 季卫东．法律程序的形式性与实质性——以对程序理论的批判和批判理论的程序化为线索 [J]. 北京大学学报（哲学社会科学版），2006（1）：109-131.

④ 王旭，王志洲．民办高校财务风险的防范及其规避——基于辽宁的调查研究 [J]. 教育科学，2014（5）：32-35.

财务清算，但并未对清算的具体程序做出详细规定。《民办高等学校办学管理若干规定》《独立学院设置与管理办法》针对民办学校的监督，引入了年度检查及教育督导制度，但对民办学校财务监督的实际效果并不理想。在财务清算实践中，明确对哪些财产进行财务清算是十分关键的。具体而言：一是民办高校的法人财产。根据新《民促法》实施分类管理的原则和宗旨，在过渡期后，营利性民办高校举办者变更时需对举办者的财产性收益、办学结余等进行清算。而非营利性民办高校因办学收益、办学结余需用于学校办学，并非归举办者所有，所以非营利性民办高校举办者变更时无须对非营利性民办高校举办者财产进行清算。二是民办高校的债权、债务等。要将举办者在学校享有的债权和应承担的债务进行清算，避免出现民办高校资产流失。[①] 另外，举办者变更财务清算的具体程序不明确，这也是导致现实中财务清算难以执行操作的关键之一。在司法实践中，未经过财务清算程序便开展实体性财产分配，也极有可能被法院认定为无效。财务清算的程序系民办高校的内部行为，一般系民办高校自行委托会计师事务所对学校的财务进行清算，教育行政部门对其没有督促的法定职责，但具有全面审慎审查的义务。比如，在广东增城鑫蜀置业有限公司、广东省教育厅教育行政管理（教育）二审行政判决书（〔2015〕粤高法行终字第 758 号）中，法院“以广东省教育厅在核准变更珠江学院举办者时，对相关财务清算情况未尽到审慎审查义务，判定其作出的《同意变更函》（粤教规函〔2014〕35 号）事实不清，主要证据不足，依法应当确认违法并予以撤销”。

第四，变更审批程序仍需强化。监管是政府依据规则对经济生活进行的干预，而这种干预往往由专业人士进行。[②] 新《民促法》规定教育行政部门、人社部门对民办高校享有审批权限，但未明确规定民办高校举办者变更是否须强制办理变更登记及未进行变更登记的查处主体、惩罚性措施。实践中，

---

① 张春生．中华人民共和国民办教育促进法释义 [M]．北京：法律出版社，2003：129.

② 刘亚平．走向监管国家——以食品安全为例 [M]．北京：中央编译出版社，2011：12.

诸多举办者“冒着被市场和需求控制的危险去尽力满足眼前目标”[①]，因此未进行举办者变更登记涉诉纠纷很多。许安标等主张，民办高校举办者变更应当属于民办高校内部的自治事项，审批机关不宜也不必过多干预。[②]审批机关的审批更多的是形式审查，即对申请人提交的文件、证件的完备性、有效性进行的审查，而非实质审查，只要举办者所携带材料齐全，符合法定条件，审批机关即应批准。最高人民法院在“〔2011〕民二他字第 21 号”答复中认为“审批机关核准”含有对举办者身份（资格）行政许可的内容，因此不属于民事诉讼受理的范围。对此陶恒河认为，举办者变更的审批行为是我国法律赋予有关行政主管部门的特有权力，不能通过诉讼程序和作民事判决予以变更。即使审批不当，也只能通过行政复议或行政诉讼程序予以纠正。[③]江西省高院审理的熊小文、何英琴、邓清妹与孙生莲、车参薇、江西东道专修学院合同纠纷案（〔2012〕赣民四终字第 5 号）中，原告请求解除关于诉争学院经营权及东道学院围墙内的一切动产和不动产的协议，而法院认为本案诉争合同中的举办者变更事项至今未经当事人报审批机关核准，因此合同未生效，无解除之必要。实践中，若未经过审批机关核准，则举办者变更程序并未完成，原举办者负有协助新举办者办理审批机关核准登记的义务。举办者变更对办学许可证内容进行变更登记，不是生效要件，但属于对抗要件，具有公示效力，即办理变更登记的举办者能够对抗未进行变更登记的举办者。

（三）举办者变更政策的优化策略

政策归因分析表明，造成民办高校举办者变更实践困境的深层政策根源，既有政策内在价值取向问题，也有政策弹性失当、政策空白、力度不足及政

---

① 菲利普·阿尔特巴赫．民办高等教育：从比较的角度看主题和差异[J]．新华文摘，2001（3）：171-175.

② 许安标，刘松山．《中华人民共和国民办教育促进法》释义及实用指南[M]．北京：中国民主法制出版社，2003：182.

③ 陶恒河．民办学校举办者身份及出资份额依法不能继承[J]．人民司法，2012（10）：18-22+1.

策工具使用不合理等因素。因此，从完善变更规范体系、优化学校决策治理、规范财务清算程序、强化变更行为监管等维度，优化民办高校举办者变更政策，是使民办高校举办者变更制度环境秩序化、法治化的关键。

第一，完善变更规范体系。制度是一套以某些方式构建社会互动关系的规则，每个制度形式都会对社会互动结构产生重大的相互关联的影响。[①] 制度是维系高校组织运行的关键所在，在民办高校举办者变更中具有重要作用。民办教育管理法律法规涉及面广，有的包含在教育法体系内，有的分散在教育法体系之外。完善民办教育领域的法律应以《教育法》的修订为基础，以新《民促法》及《民促法实施条例》（2021 年）的完善为重点，同步开展《民办高等学校办学管理若干规定》《独立学院设置与管理办法》《高等学校章程制定暂行规定》等规章或其他规范性文件的修改。此外，还应细化对民办高校举办者及举办者变更的相关规定，并在法律法规中加以明确。一是明确民办高校举办者法律地位。采用列举方式清晰界定民办高校举办者的权利，如收益权（民办高校存续期间的资产收益权）、举办权（从学校筹建到解散过程中诸多重大事项的决策权），以及其他衍生出的变更、重组、出让、质押等权利；界定举办者的义务，如采用资金、实物、土地使用权、知识产权、人力资源或其他无形资产等形式出资，按照出资比例承担相应的办学责任和风险；遵守国家法令、依法治教，不得抽逃办学资金，不得侵占、挪用办学经费等。二是明确民办高校举办者变更类型。在《民促法实施条例》（2021 年）的基础上，增加捐资办学举办者变更类型及程序，区分有出资行为、没有出资行为举办者变更的规定，既对民办学校举办者变更做进一步原则性的规范，又保证涵盖实践中不同举办者类型，确保全面涵盖举办者变更实际情况，为不同类型民办高校举办者变更提供法律依据。完善民办高校审批机关对不再具备法定条件举办者变更的审查义务及流程，加大举办者未主动提出变更的处罚力度，提高举办者主动变更的意识，全面规范举办者变更制度。

① 杰克·奈特．制度与社会冲突 [M]. 上海：上海人民出版社，2017：2-3.

第二，优化学校决策治理。“大学是一种典型的利益相关者组织，大学的决策必须权衡和兼顾各利益相关者的利益，不能顾此失彼”[①]。民办高校决策治理的实质是学校内部治理的规范化、法治化、体系化，是各利益相关者在遵循内部发展逻辑的前提下，在契合外部环境的互动博弈中实现权力平衡。民办高校举办者变更主要涉及民办高校内部决策权，而决策权、执行权和监督权的承接主体分别是董事会、校长团队和监督机构，它们是形成董事会决策、管理层管理、监督部门监督的内部横向制衡体系的基础条件。学校决策治理的优化必须做好以下四项工作。一是优化落实学校章程。学校章程在对高校决策治理进行顶层设计、规范教育教学活动的开展等方面发挥着重要作用，应切实保障其与相关教育法律法规相配套。高校章程是中国特色现代大学制度的重要载体，是高校进行内部治理的重要依据，因此，需进一步提升章程在学校决策治理中的地位，完善民办高校章程备案登记制度，切实保障民办高校章程中对举办者变更、权益转让等内容的规定，发挥章程的规范和指引作用。二是健全董事会制度。克拉克·克尔指出“董事会的好坏取决于其成员的优劣”[②]。优化董事会成员结构，将党组织负责人、教职工代表作为当然成员，政府各相关部门应加强对举办者（或举办者代表）及其亲属等相关人员在董事会成员中的占比监管，督促其加强民办高校董事会规章制度建设。同时，聘请具有法律、财务等专项技能的专家学者担任独立董（理）事，为民办高校决策机构进行科学决策保驾护航。完善董事会议事规则，提升会议程序、议事程序和决策程序的规范性，使民办高校举办者变更决策更加规范。三是完善校长负责制和选聘制。民办高校校长选聘由董事会根据法律法规及学校实际情况确定，聘用合同中应明确校长的教学、人事、财务等管理权限，建立校长与董（理）事长权限冲突协调机制，确保即使举办者变

---

① 李福华．利益相关者理论与大学管理体制创新 [J]. 教育研究，2007（7）：36-39.

② Clark Kerr,Marian L.Gade.The Guardians:Board of Trustees of American Colleges and Universities[M].Washington,D.C.:The Association of Governing Boards of Universities and Colleges, 1989: 39.

更亦不影响民办高校的正常发展和运行，维护民办高校的稳定。四是健全民办高校年检和信息公开制度。及时有效地公布高校内部重大事项决策和社会关注的难点、热点及重点信息，增强内部权力运行的透明性，为外部监督提供有效条件。

第三，规范财务清算程序。财务问题是民办高校管理、民办高校举办者变更的核心问题，规范民办高校财务清算程序是规范举办者变更程序的必要环节。财务清算程序主要是指清算工作的具体步骤，例如制作清算文件、移交遗留问题等。一是明确财务清算程序的逻辑，确定财务清算机构、设立清算组，制定进行资产资金的清缴、盘点移交程序，清结债权债务，明确制作清算报告、变更印鉴证照、变更注册登记等常规程序，以及不能立即清算完毕的个别问题的应急程序。此外，将财务清算程序与其他相关法律程序相衔接，比如提请法定机构（审计部门）。将财务清算结果制度化，用法律手段保护、固定财务清算结果，使财务清算结果具备一定的法律效力。二是确定财务清算责任机构及其具体职责范围，保证清算工作始终有负责机构，确保财务清算程序顺利进行，同时也保障财务清算结果的有效性、合法性。从现实情况看，清算责任机构宜由民办教育管理部门和市场监督管理部门共同推荐，由会计、审计中介机构担任责任机构，负责清算工作中各个阶段的诸多事宜。财务清算机构负责组建财务清算组，作为清算工作的执行机构。它对清算工作每个环节相关事项进行统一组织安排，负责清算工作的推进及问题的协调，并对清算工作结束后的未完结事项或遗留问题进行后续管理。三是建立财务清算结果规范、标准体系。财务清算结果即清算过程的原始记录、会计处理档案、清算报告等，应按有关文件要求统一格式，并经相关部门审查批准或认证。建立财务清算结果规范化保管制度，对清算结果进行档案化管理，实行会计档案和文书档案双重管理制度，对未清算完毕的有关资料、印鉴、证照等进行暂时托管。

第四，强化变更行为监督。政府监管是民办高校举办者变更逐步向法治化、制度化和规范化迈进的重要一环。强化举办者变更行为监督管理的核心不仅仅是科层视角下机构的分合，更应站在契约视角下提升举办者变更行为监管的协调性。要强化对变更行为的监管，形成民办高校内部治理与外部制衡的合力，需畅通外部力量介入，强化外部制约的效力。一是强化政府对变更行为的监管。政府相关部门应当对民办高校举办者变更过程中存在的不规范乃至违法违规行为（举办者抽逃个人出资、挪用办学经费、隐匿学校资产、侵害法人财产等）加强监督与管理；对举办者骗取国家专项补贴、助学款项，吸收公众存款等涉嫌犯罪的行为，追究相应的法律责任。建立有效的督查问责机制，加大处罚力度，切实防范和规避举办者变更行为无序化发展，优化民办教育法治化环境。将民办高校举办者教育类法人组织的股东变更作为政府监管的重点。二是建立多部门联动工作机制。对涉及民办高校资产变更的公司股东（股权）的重大变动事项，市场监督管理部门应与教育行政部门、社团法人登记机关建立联动工作机制。三是加强社会监督。民办高校内部治理权力制衡程序中应吸纳更多社会组织和社会力量的参与，鼓励社会组织和社会力量以评估审计或媒体报道等多种形式，加强对民办高校内部治理权力运行的监督。发挥教育协会（联盟）的监督管理作用，由教育协会（联盟）对民办高校举办者进行相关能力的培训。发挥专家的专业监督作用，当举办者面临重大决策时可由专家对举办者进行指导，尽可能减少民办高校举办者变更中存在的问题。

第三节　党组织参与决策制度

利益相关者理论认为，董事会的存在是一种有效的内部牵制机制，能够避免举办者直接参与学校的内部治理，在很大程度上可以约束和制止举办者为自己私利来掏空学校的行为，也保护了其他利益相关者的利益。民办高校党组织中的负责人或相关人员，作为董事会构成中的法定成员，直接参与学校的管理，并在参与董事会决策过程中发挥关键作用，其中党组织参与制度设计对于董事会独立性保障意义重大。

全面贯彻落实党的教育方针，坚定社会主义办学方向，培养中国特色社会主义合格建设者和可靠接班人是民办高校和公办高校共同肩负的重任。在2016年中共中央办公厅发布的《关于加强民办学校党的建设工作的意见（试行）》中，对党组织发挥政治核心作用以及参与决策与监督机制作出了明确规定，党组织参与决策是坚定保障民办高校董事会独立性的重要力量。

一、党组织参与决策的一般性规定

民办高校的办学体制和运行机制与公办高校不同，大多民办高校实行董事会领导下的校长负责制，董事会是学校的决策机构，党组织不是决策机构，而是参与决策的机构。民办高校党组织在保证方向、促进发展和维护稳定方面发挥着重要的作用，党组织参与学校重大问题的决策是其发挥政治核心作用的重要内容和主要途径。[①]

（一）党组织政治核心作用

民办学校党组织是党在民办学校中的战斗堡垒，发挥政治核心作用，主要体现在六个方面：第一，保证政治方向。宣传党的理论和路线方针政策，宣传执行党中央、上级党组织和本组织的决议，引导学校全面贯彻党的教育方针，依法办学、规范办学、诚信办学，坚决反对否定和削弱党的领导，反对西方所谓“普世价值”等错误思潮传播，反对各种腐朽价值观念。第二，凝聚师生员工。把思想政治工作贯穿学校工作各方面，贯穿教育教学全过程，密切联系、热忱服务师生员工，关心和维护他们的正当权益，统一思想、凝

① 贾咏梅．民办高校党组织参与重大决策机制的调查分析[J]．学校党建与思想教育，2016（18）：21-24.

聚人心、化解矛盾、增进感情，激发教职工主人翁意识和工作热情。第三，推动学校发展。支持学校董事会和校长依法依章行使职权，参与学校改革发展稳定和事关师生员工切身利益的重大事项决策，帮助学校健全章程和各项管理制度，促进学校提高教育质量、培养合格人才。第四，引领校园文化。坚持用社会主义核心价值观塑造校园文化，加强社会公德、职业道德、家庭美德、个人品德教育，开展精神文明创建活动，组织丰富多彩的文化活动，推动校园形成良好校风教风学风。第五，参与人事管理和服务。参与学校各类人才选拔、培养和管理工作，在教职工考评、职称评聘等方面提出意见建议，主动联系，关心关爱，调动他们的积极性和创造性。第六，加强自身建设。完善组织设置和工作机制，加强党组织班子成员和党务干部管理，做好发展党员和党员教育管理服务工作，严格组织生活制度，认真贯彻民主集中制，强化党组织日常监督和党员民主监督，抓好党风廉洁建设。领导学校工会、共青团等群团组织和教职工大会（代表大会），做好统一战线工作。

（二）党组织参与决策和监督机制

坚持党的领导与依法治校有机统一，推动民办学校把党组织建设有关内容纳入学校章程，明确党组织在学校法人治理结构中的地位，保证党组织在重大事项决策、监督、执行各环节有效发挥作用。一方面，推进党组织班子成员进入学校决策层和管理层。民办学校党组织书记应通过法定程序进入学校董事会，办学规模大、党员人数多的学校，符合条件的专职副书记也可进入董事会。党组织班子成员应按照学校章程进入行政管理层，党员校长、副校长等行政领导班子成员，可按照党内有关规定进入党组织班子。另一方面，健全党组织参与决策和监督制度。涉及民办学校发展规划、重要改革、人事安排等重大事项，党组织要参与讨论研究，董事会在做出决定前，要征得党组织同意；涉及党的建设、思想政治工作和德育工作的事项，要由党组织研究决定。建立健全党组织与学校董事会、监事会日常沟通协商制度，以及党组织与行政领导班子联席会议制度；强化党组织对学校重要决策实施的监督，定期组织党员、教职工代表等听取校长工作报告以及学校重大事项情况通报。

二、党组织参与决策机制的具体实践

董事会是民办高校的决策机构，涉及学校改革发展的重大问题一般都由董事会决策。相较公办高校党组织“领导核心”的地位，民办高校党组织的地位是“政治核心”，参与高校的办学与管理决策。这个参与决策机制的主要内容为：党组织参与决策与董事会依法行使决策权的关系；党组织参与重大问题决策的职责和任务；党组织参与重大问题决策的内容和范围；党组织参与重大问题决策的规则和程序。根据现有规定对民办学校董事会和校长职权的解读，参与重大决策的“重大问题”应该包括学校的发展规划、人事安排、财务预算、基本建设、招生收费、教学科研等。①

根据相关研究显示，在“民办高校党组织主管工作”这个问题上，近30%的民办高校党组织全面领导学校工作，其他民办高校党组织是主管一些具体部门工作，如思想政治工作、学生工作、共青团工作、教代会和工会，各项所占比例均在80%以上。②民办高校参与决策人员的构成一般是举办者、校长、党组织负责人，部分民办高校还将教职工代表纳入其中。少数民办高校的党组织负责人同时兼任校长或董事长，党组织参与决策程度较高。按照“双向进入、交叉任职”的规定，多数党委书记和部分党委委员按照法定程序进入学校决策机构，担任董事参与决策。民办高校实际上主要存在两种党组织参与决策的类型：一种是主导型。民办高校党委在学校重大决策中起主导作用，比如北京城市学院等少数民办高校，学校党委是学校的决策机构，党委书记同时担任校长，并且是学校董事会成员，党组织充分发挥政治核心

① 贾咏梅．民办高校党组织参与重大决策机制的调查分析[J].学校党建与思想教育，2016(18)：21-24.

② 贾咏梅．民办高校党组织参与重大决策机制的调查分析[J].学校党建与思想教育，2016(18)：21-24.

作用，切实引领学校事业发展。另一种是参与型。民办高校党组织按照政治核心地位的定位，参与学校部分事务的重大决策，但是党委的地位要次于学校行政力量，参与决策的程度也不同。值得注意的是，无论是上述何种类型，其中党组织负责人的来源大多由省委教育工委派党建工作专员到民办高校指导党建工作，监督学校贯彻执行党和国家教育方针政策的情况。实践中，也还存在一些未能全面贯彻党组织相关制度的高校，学校党组织在学校基本地位名不副实，未能实质上参与学校重要决策，党组织参与决策程度较低，这类学校主要是一些办学时间短、不够规范、发展不稳定的民办高校。

一般而言，民办高校党组织参与决策的机制主要包括直接参与决策和间接参与决策两种方式。一些民办高校建立了直接参与决策和间接参与决策并行的参与决策机制。“对民办高校党组织参与学校重大问题决策的途径”这一问题的调研显示，主要有四种途径：一是党组织领导班子成员进入学校决策机构；二是建立党组织与学校决策机构的协商沟通机制，如党政联席会议等；三是学校重大事项决策前，征求党组织意见；四是集体决定重大事项前，党委书记、校长和有关班子成员个别酝酿、充分沟通。第一项属于直接参与决策机制，其他属于间接参与决策机制。有部分民办高校四种途径均存在，部分是通过其中两种或者一种途径，所占比例最高的是第一种，其次是第二种途径。有的民办高校在重大决策前，董事会或决策机构会事前征求教职工意见，此类学校大多是已经建立教代会、工会的学校。[①]

总之，增强民办高校董事会独立性，党组织作用的发挥不可或缺。借鉴公办高校党组织决策的相关制度和丰富的实践，进一步探索适合民办高校发展的举办者参与决策与监督机制尤为重要，当前的直接参与和间接参与决策机制有着较大的价值，也具有较强的代表性，更多期待在民办高校的党组织制度和董事会章程中具体予以落实。

---

① 贾咏梅．民办高校党组织参与重大决策机制的调查分析 [J]. 学校党建与思想教育，2016（18）：21-24.

第四章

民办高校董事会
独立性的配套制度

法人治理结构旨在降低代理成本上做文章，建立一套规范代理行为的机制，以最低的代理成本获取最大的效益。显然，独立监事制度或者建立有独立性的监事会，以及健全董事会决策公开制度，是保障董事会独立性的内部配套关键制度。一方面，构建独立监事制度。参照独立董事制度研究路径，充分论证民办高校引入独立监事制度的必要性和可行性，定位其功能与作用，建立权责配置、选任机制、运行机制、保障机制等制度。独立监事既监督决策又监督管理，作为董事会独立性保障制度。另一方面，完善信息公开制度。在学校信息公开制度中必须重点突出董事会的信息公开，从董事会的成员、资格条件、选任、运行以及待遇保障等方面公开，尤其是涉及重大事项的决策过程、利益相关者的参与及结果的公开等，有效保证董事在独立意志之下履行职责、董事会在学校整体利益下独立决策。

第一节 独立监事制度

在民办高校引入独立监事制度，是利益相关者理论、委托代理理论、法人治理结构理论、资源依赖理论和公共责任理论共同形成的优化民办高校法人治理结构的方向与指引，是建立健全对决策机构监督机制的核心制度，尤其是保障非营利性民办高校董事会独立性的基础和前提，是民办高校董事会独立性内部配套的重要制度之一。当前，分类管理背景下的民办教育新法新政对民办学校建立监督机构做出顶层设计。在建立健全民办高校监督机构的同时，以探索建立民办学校独立监事制度的国家层面的政策为指引，科学借鉴来自国内外公司治理和域外私立学校治理中独立（外部）监事的制度设计与实践经验，顺势引入并试点推行民办高校独立监事制度，可以克服民办高校决策“专制化”、管理“家族化”、监督“形式化”、文化“企业化”倾向，强化民办高校监督机构的独立性、专业性、公正性和公益性。新阶段，应以新《民促法》及其配套政策正式实施为契机，在民办教育地方立法和学校法人治理结构优化过程中，鼓励和引导民办高校建立独立监事制度，统筹设计、凸显特色、差异规范、分步推行，推动建立健全以独立性为核心特征的民办高校监督机构。

一、独立监事制度概述

原《民促法》及其《实施条例》颁布实施以来，民办学校的监事会制度及其实践经历了一个从无到有、艰难发展的过程，总体情况不容乐观。实践中，一些民办高校中决策“专制化”、管理“家族化”、监督“形式化”、文化“企业化”倾向明显，尤其是一些民办高校的监督机构缺位，还有不少民办高校的监督机构虚置，尽快建立健全具有独立性、专业性、公正性和公益性特点的监督机构已成为当务之急。杨炜长认为，民办高校法人治理结构大多形同虚设，由于监督机制的缺失，决策层和执行层失去制约与监督，影响了民办高校的持续健康发展。[①]董圣足认为，很多民办高校的法人治理结构都缺少监督机构，存在“先天不足”的问题，未能形成有效的权力制衡机制。[②]李勤、钟建芳认为，由于法律并未规定民办高校必须设立专门的监督机构，导致民办高校最具监督功能的监事会缺失。[③]董圣足认为，当前很多民办高校普遍存在举办者控制的倾向，也未形成决策、执行和监督三位一体、相互制衡的法人治理机制，应探索实行独立监事制度，吸纳外部人员进入监事会，彰显民办教育的公益性与公共性。[④]周海涛等认为，监事会制度是重要的权力制约机制，一些民办高校未建立监事会，或者监事会职责不清，成

① 杨炜长．完善民办高校法人治理结构的现实思考[J].高等教育研究，2005（8）：51-56.

② 董圣足．民办高校法人治理结构构建与思考——基于上海建桥学院的个案分析[J].教育发展研究，2006（22）：64-69.

③ 李勤，钟建芳．制度视域下的我国民办高校法人治理结构分析[J].黑龙江高教研究，2014（9）：56-58.

④ 董圣足．民办学校“关联交易”的规制与自治[J].复旦教育论坛，2018（4）：30-36.

为学校摆设或董事会的附属，应设立专门的监督机构，且其中应有一半成员为教职工代表或专家代表（律师或会计师等）。[①] 在分类管理背景下，无论是营利性的，还是非营利性的民办学校，其法人治理的实效性均直接决定着民办学校的竞争力。聚焦建立健全监督机构或监事（会）制度，尤其是进一步突出监督机构的独立性与专业性，以充分发挥监督机构在法人治理中不可或缺的作用，已成为转型中民办高校法人治理的核心命题。

当前，分类管理背景下民办教育新法新政已对建立民办学校的监督机构做出顶层设计。新《民促法》明确要求“要设立学校理事会、董事会并建立相应的监督机制”，尤其是《国务院三十条》首次提出探索建立独立监事制度。新阶段，抓住新《民促法》及其配套政策实施的契机，以新法新政中引入民办高校独立监事制度的政策为指引，全面探索构建民办高校独立监事制度的基本逻辑与现实可能，尝试提出建立独立监事制度的主要思路和基本框架，助推建立健全以独立性为核心特征的监督机构。在民办教育新法新政背景下，建立健全民办高校的监督机制或监事会的同时，顺势引入并推行民办高校独立监事制度，对于增强民办高校监督机构的独立性、专业性、公正性和公益性，形成可以制约决策层与执行层的监督力量，维护学校和师生合法权益具有重要价值。参照和借鉴公司治理中监督机构的相关概念界定，本研究认为民办高校的监事会是指依照新《民促法》中“建立相应的监督机制”的规定，建立与董事会、校长平行，负责监督决策与执行权力的专门机构，也指此前民办高校已建立的和公司组织中设立的具有相似职责的监督机构。监事会的监事成员根据来源可分为内部监事和外部监事，除监事会中党组织代表和教职工代表等内部监事成员外，还有来自校外且在学校仅担任监事职务的外部监事。具体而言，外部监事是指监事会成员中不在民办高校中担任除监事之外的其他职务的监事，比如，社会公众代表、学生家长代表、校友

① 周海涛等．中国教育改革开放40年（民办教育卷）[M].北京：北京师范大学出版社，2019(2)：134.

代表以及外部专家代表（含法律、财务、管理等领域）等。独立监事主要是指在民办高校的外部监事中，与学校及其关联机构（关系人）不存在可能影响其进行独立客观判断关系的监事，[①]独立监事应当是来自学校外部同时具备独立性与专业性的核心特征的专家型监事，有助于保证监事会整体的独立性、客观性和公正性。

二、构建独立监事制度的必要性

在分类管理背景下，民办学校尽快建立健全监事（会）制度，建立并推行独立监事制度，是优化民办学校法人治理结构和建设现代学校制度的重要举措。民办高校构建独立监事制度的逻辑动因在于提升监督实效、补强监督制度和重塑监督机构的重要作用。

（一）实践诉求

改革开放四十多年来，民办学校从法律之外的“非制度化”的存在，逐步得到法规和政策层面的“承认”，并获得了与公办学校“同等”的法律地位。[②]民办高校的监事会，是学校必备的监督机构，与董事会、校长并列设置，是对决策层与执行层级成员履职活动行使监督权的内部独立机构。长期以来，民办高校中设立监事（会）的较少。来自学者的调查研究显示，2010年全国工商联民办高等教育学会调查的45所民办学校中，设立监督机构的不到五分之一，且仅有一所学校称之为“监事会”；[③]在江苏省27所民办高校中没有一所高校建立监事会。[④]有些民办高校设置了监督机构，由于举办者、

① 李明辉．论上市公司独立监事制度[J].河北法学，2005（10）：42-46.

② 周海涛等．中国教育改革开放40年（民办教育卷）[M].北京：北京师范大学出版社，2019(2)：86.

③ 董圣足．浅论民办高校监督制度的构建[J].教育与职业，2010（2）：5-7.

④ 李勤，钟建芳．制度视域下的我国民办高校法人治理结构分析[J].黑龙江高教研究，2014(9)：56-58.

董事长或校长“一言堂”，失去独立性而无法发挥应有的制约作用，从而普遍成为学校的“聋子的耳朵”“监事不监视”，一定程度上沦落为董事会进一步控制学校的工具。实践中，民办高校应当建立健全监督机制，弥补学校治理结构的“先天不足”，形成有效的权力制衡机制已成为共识。

（二）制度供给

伴随着我国民办教育法律法规的逐步完善，民办学校设置监事会从非强制性发展到强制性，监事会成员构成从主要以内部人员为主走向多元化，监事会逐渐发展成为民办学校主要的监督机构。总体而言，监事会制度仍然缺乏独立性、专业性和有效性。从 1987 年国家教委颁布的《关于社会力量办学的若干暂行规定》、1997 年国务院颁布的《社会力量办学条例》到 2002 年国家颁布的原《民促法》，基本完成了我国民办教育法律制度的整体创建。显然，初创和发展中的民办教育法律制度仍然有诸多不足之处，尤其是民办学校内部治理中监督制度长期缺位，已成为制约民办教育发展的重要阻滞。早在 2007 年 11 月，民政部发布的《关于进一步做好民办高校登记管理工作的通知》（民函〔2007〕328 号）就明确要推动民办高校按照其章程规定，建立健全内部管理制度，建立和完善监事会制度。这是国家层面首次提出要求建立民办学校的监事会制度，但是由于前述文件仅作出原则性要求，缺乏一定的操作性，同时也缺少上位政策法律依据，其中明确“建立和完善监事会制度”的要求，沦为非强制性的倡议，在实践中并未得到较好的实施。[①]2010 年国家层面颁布的《国家中长期教育改革和发展规划纲要（2010—2020 年）》要求，完善民办高校法人治理结构、逐步推行监事制度，为民办高校建设监督机构提供了方向性的指引。2016 年新《民促法》及《民促法实施条例》（2021 年）、《营利性民办学校监督管理实施细则》（教发〔2016〕20 号）和《关于加强民办学校党的建设工作的意见（试行）》（中办发〔2016〕78 号）

---

① 刁玉华．民办高等学校管理问题探析 [J]. 郑州大学学报（哲学社会科学版），2010（4）：163-166.

等新法新政在一般性层面对监督机构的设置做出了原则性规定。尽管《国务院三十条》提出了探索实行独立监事制度，然而在上述新法新政中并未得到具体落实。毋庸讳言，监事会的独立性是监督机构有效发挥作用的关键，可以保证其能够与决策层和执行层形成有效的制衡，当前关于监事人数、任期及亲属回避制度等规定缺乏，加之举办者仍然具备影响监事选任与解聘的实质性权力，一定程度上造成了监事会独立性的先天不足。① 在制度层面，在民办高校中引入独立监事制度，是整体提升民办高校监督机构独立性与专业性，增强民办高校董事会独立性的关键举措。

（三）价值定位

民办高校的监事机构是监督决策、执行是否按照有关法律法规和学校章程进行活动的专门机构。民办高校的独立监事制度具备强化其监督机构的独立性、专业性、公正性和公益性的功能，可以扭转当前民办高校决策“专制化”、管理“家族化”、监督“形式化”和文化“企业化”倾向。民办高校独立监事制度的价值取向，是增强监事会的独立性与专业性和增强监事会的公正性与公益性。一方面，增强监事会独立性与专业性。权力高度集中于举办者、办学者及其代表手中，导致监督机制普遍缺失或流于形式，容易引起社会质疑。从学校内部治理层面，构建利益相关主体参与的、独立行使监督职责的监事会，尤其是具有独立性与专业性的监督机制，有利于减少学校决策偏差与办学风险。设置以独立性为核心特征的监事会专门制约决策层与执行层的权力行使，除了校内的利益相关主体外，外部专家作为成员进入监事会中，在一定程度上更容易获得社会认可，有助于形成良好的社会声誉，获取更多的外部办学资源与吸引更多优质生源，从而助力民办高校可持续发展。②

① 齐英程．“分类管理”背景下营利性民办学校的治理结构设计[J].中国教育学刊，2019（7）：14-18.

② 陈文联．构建民办高校法人共同治理结构的现实思考[J].国家教育行政学院学报，2009（7）：69-74.

另一方面，增强监事会公正性与公益性。公正性强调在监督过程中明确独立监事是作为学校全体利益相关主体的代表，而非受控或服务于某一部分利益相关主体，其目标应该是服务于整个学校的发展，突出其客观上促进学校科学决策与高效执行的作用，助力获取、巩固和维持民办学校的可持续竞争优势。分类管理背景下，营利性民办高校与非营利性民办高校同样肩负着提供教育服务的社会公共职能，监事会必然要从确保学校公益性角度出发，在学校法人治理结构中突出其相应的特征。学校监事会承担着多重使命与目标，在维护校内多元利益相关主体利益的同时，还必须兼顾校外利益相关主体的利益，以持续提升学校的公益性。设立以独立性为核心特征的监事会，可以有效防止一些举办者通过控制董事会和校长，进而实现控制民办学校，达成其牟利的目的，最终损害学校的公信力。作为一项制度创新，民办高校引入独立监事制度，可以进一步重塑民办高校内部监督机构，形成有效制约董事会决策权力的民办高校法人治理结构。

三、构建独立监事制度的可行性

分类管理背景下的民办高校发展离不开以独立性为核心特征的监督机构，探索建立民办高校独立监事制度，在认识、理论、制度和经验四个层面上有着积累的共识基础、厚实的学理支撑、直接的法律依据和优异的外部借鉴，可以充分证明现阶段引入独立监事制度的可行性。

（一）认识层面：积累的共识基础

分类管理框架下的现代大学制度是协调民办高校内部和外部关系的制度安排，完善高校法人治理是其基本目标之一。当前，我国民办高校法人治理中存在办学失范、效能不高、公益性不足、公信力不够等问题，[①] 尤其是一些民办高校中监督机构缺位与监督机构虚置的现象并存，决策“专制化”、

① 刘永林．民办学校独立董事制度研究[M]．北京：中国政法大学出版社，2019：49.

管理“家族化”、监督“形式化”、文化“企业化”倾向凸显，民办教育理论界和实务界对于探索建立独立董事和独立监事制度，通过诸多方式构建以独立性为核心特征的专门监督机构，加快建立健全对民办高校决策的监督机制已渐成共识。有学者认为，监事会制度是民办高校完善的法人治理结构中的重要组成部分，应吸收学生或家长代表以及拥有财务知识的外部专业人员作为监事会成员，以强化监事会客观、公正、有效监督。① 另有学者认为，监事会成员应由多方面代表构成，同时基于监督的有效性和专业性考虑，监事会成员中还应有一定比例的来自学校外部的法律、财务、管理等方面的专业人员，应探索建立独立监事制度，进一步增强监督机构的独立性与专业性。② 现代大学制度建设背景下，理论界对于建立健全民办学校监督机构的必要性以及增强监督机构独立性已有深刻的认识。实践中，建立民办高校监事会并不能简单地借鉴其他教育发达国家的监事机构模式，而应结合本国实际，从宏观层面上完成民办学校监督制度的设计，全面建构民办学校监督制度体系；从微观层面上通过民办学校内部章程和制度进行细化落实，建立以独立性为核心特征的监督机构，形成与决策、执行机构之间分工合作、有效制衡的良性关系与互动机制。③ 显然，在理论界和实务界对建立健全决策机构监督的不断拓展和深化认识的积累过程中，建立独立监事制度的前瞻性共识基础已经形成。

（二）理论层面：厚实的学理支撑

民办高校法人治理结构中，内部治理首要的就是实现决策权、执行权和监督权之间的有效制衡。现实中，建立以独立性为核心特征的监事会是推动实现决策的民主性与科学性和执行的高效性与目的性的关键之举。权力制衡理论、委托代理理论、两权分离理论、资源依赖理论和“利异相监”理论为

---

① 钟建芳．关于建立民办高校监事会初探 [J]. 辽宁行政学院学报，2014（3）：85-86+88.

② 董圣足．民办学校“关联交易”的规制与自治 [J]. 复旦教育论坛，2018（4）：30-36.

③ 王英，金保华．民办高等学校监事会制度研究 [J]. 北京教育（高教版），2013（12）：48-50.

此提供了重要的理论基础。权力制衡理论中包含三个主要思想：以权力制约权力、以权利制约权力和以社会制约权力。我国引入独立监事制度，就是要实现以权力制约权力。该理论认为，为避免权力过分集中，造成权力滥用，就要形成一种分权制衡的局面；要通过合理分权，实现不同部门之间或同一部门内部不同职位之间的制衡。① 委托代理理论是指所有者和控制者之间是委托代理关系，如何保证代理人追求自身利益最大化的同时最大限度地保证委托人利益是委托代理关系的核心，两权分离理论在“所有权”与“控制权”（或经营权）分离基础上进一步发展为所有权与控制权的分离、决策层与管理层的分权，在民办高校中也不例外，因而更加凸显民办高校进一步强化对决策与执行的监督成为必然。资源依赖理论认为一个组织最重要的生存目标，就是不断降低对关键资源供给的依赖程度，而从学校外部引入作为专家代表的独立监事参与学校治理，是学校生存与发展中充分发挥智力资源及延伸资源作用的关键举措。“利异相监”理论是法家监察理论的核心观点，主张监察体制必须是独立的，监察官员应该由专门人员担任，并且与被监察部门无利益关联，民办高校的独立监事正是如此，是比学校内部监事更具独立性与专业性的专门监督力量。上述理论从组织治理的不同视角，为民办高校引入外部专业力量参与学校治理与监督，建立民办高校独立监事制度提供了学理支撑。

（三）依据层面：直接的规范指引

法律作为一种抽象的规范性文件，是价值的权威性分配，以其国家强制性的特点，能够最大程度得到普遍的遵从。分类管理背景下，就重构民办高校的监督体系而言，新《民促法》在重塑各方利益格局方面具有权威性、强制性和根本性，直接为构建民办高校独立监事制度提供了法律依据。新《民促法》和《民促法实施条例》（2021 年）以法律形式直接明确“要设立学校

① 史少杰，周海涛．非营利性民办高校内部治理权力制衡分析 [J]. 现代教育管理，2018（1）：26-29.

理事会、董事会并建立相应的监督机制”的原则性规定，实现了民办学校监事（会）设置从任意性到强制性的转换。“新法”之后的“新政”，比如，《营利性民办学校监督管理实施细则》（教发〔2016〕20 号）、《关于加强民办学校党的建设工作的意见（试行）》（中办发〔2016〕78 号），直接回应了新《民促法》关于“建立相应的监督机构”要求，并对党组织成员和教职工代表作为监督机构的当然成员，监督机构的职责以及党组织与监督机构的沟通机制等做出了框架性规定。特别值得一提的是《国务院三十条》明确民办高校建立健全监事（会）的同时，进一步提出了探索实行独立监事制度的要求，为确保监事（会）的独立性预留了制度空间。显然，抓住新《民促法》和《民促法实施条例》（2021 年）及其配套政策正式实施的契机，在新形势下引入独立监事制度，尽快回应对国家层面关于建立独立监事的制度设计与安排诉求，尤其是突出其在民办高校的关联交易中发挥的主要监督作用，可以为提升民办高校法人治理中的监督实效提供强有力的保障。分类管理背景下民办教育新法新政中的相关规定，已成为全面深化民办高校监事（会）制度改革，进一步推动建立民办高校独立监事制度的直接依据与重要指引。

（四）经验层面：优异的外部借鉴

公司治理领域的监事会制度于 1861 年诞生在德国，之后被日本、法国、中国等国家成功借鉴。监事会制度在各国的本土化过程中，尽管不同国家监事会制度创新的程度不同，但总体上呈现出不断强化独立性的趋势，独立监事制度的产生也正是这一趋势不断演化的结果。[①] 日本首创在公司监事会中设立独立监事，也是对美国独立董事制度的借鉴，主要体现在日本《商法特别法》第十八条第一款规定，监事会中至少有二分之一的监事必须是在就任前五年未曾担任公司或其关联公司的董事、经理或高管，外部监事不得由公

① 王世权，宋海英．上市公司应该实施独立监事制度吗？——来自中国证券市场的证据 [J]. 会计研究，2011（10）：69-76+97.

司董事、高管的直系亲属、配偶或生活上依赖于董事、高管的人员担任。[①]德国《公司治理示范法典》第五条规定，监事会应当包含其认为适当人数的独立监事，保证监事会对董事会的独立建议权与监督权，随后《德国股份公司法》对该条规定进行援引与拓展，并在此后的实践中逐步完善了从选聘、更换、行使职权到激励与约束的机制。[②]2003 年我国台湾地区证期会对独立董事和独立监察人的任职资格做了修正，推行监察人制度，接着又修订了《上市上柜公司治理实务守则》和《证券交易法》，进一步强化独立董事和独立监察人的职权。与上述国家或地区从立法层面引入独立监事制度不同，我国仅仅在法律上明确公司应当设立监事会，并未直接引入独立监事制度。实践中，中国人民银行于 2002 年 6 月发布的《股份制商业银行独立董事和外部监事制度指引》和《股份制商业银行公司治理指引》，对商业银行的独立（外部）监事做出了规定，并要求独立（外部）监事的任职资格、产生程序、权利义务以及工作条件应当符合中国人民银行的规定；中国证监会并未强制性要求公司设立独立（外部）监事，但实践中已有一些公司自行设立独立（外部）监事。[③]在学校治理方面，日本和我国台湾地区的《私立学校法》，通过设立监事会专门对决策层与执行层进行制衡，未对监事会的任职资格做出限制，除了涵盖内部利益相关主体外，也允许外部人员进入监事会。台湾地区私立高校监察人享有独立监察权，学校财务公开程度与监察人规模成正比，独立性与专业性程度较高。总之，来自国外和我国台湾地区公司治理领域的独立监事制度及其实践经验，为在民办高校治理领域建立健全监事会制度提供了丰富的外部借鉴。

---

① 赵玉意．建立我国独立监事制度的构想 [J]. 安庆师范学院学报（社会科学版），2008（11）：112-115.

② 戴立新．监督，从独立监事破题 [J]. 董事会，2013（4）：94-96.

③ 李明辉．对完善上市公司独立监事制度的思考 [J]. 理论学刊，2005（7）：43-45.

四、构建独立监事制度的框架设计

分类管理框架下，建构起监事会与党组织、政府督导、教代会、独立董事等分工合作的监督体系是独立监事制度得以发挥功能的重要基础。新阶段，亟须遵循顶层设计、教育属性、分类规范和试点先行的主要思路，聚焦条件与选任、权利与职责、行权与履职、支持与保障等方面建构民办高校的独立监事制度。

（一）进路选择

构建民办高校的独立监事制度体系，应遵循“顶天”与“立地”相结合、一般性与特殊性相统一和差异规范与试点突破相兼顾的思路全面、系统、分步推进。

第一，注重顶层设计。构建民办高校独立监事制度，将在一定程度上推动民办高校内部监督体系的再造，是一项复杂的系统工程。应当充分运用系统论的方法，从全局的高度，统筹考虑各方面、各层次、各要素，科学规划民办高校独立监事的制度体系。在民办教育新法新政背景下，以构建民办高校独立监事制度为核心，全面落实营利性、非营利性民办高校的监督机构框架设计，建立健全包括但不限于机构性质、成员构成、职责权限和条件保障等内容的独立监事制度体系。建议国家教育行政部门制定包括民办高校独立监事的选任程序、资格条件、行使监督权利的方式以及独立监事的责任与解任程序等基本内容在内的《关于建立民办高校监督机构的指导意见（试行）》。

第二，突出教育属性。制度移植是制度创新的重要途径之一，来自公司治理领域的独立监事制度，如何在民办教育领域避免“水土不服”，从而“落地生根”，关键在于坚持独立监事制度一般性要求的基础上突出教育属性。具体而言，民办高校独立监事制度的设计应当考虑民办高校与公司在组织性质上的不同特点，既要借鉴公司法律制度与实践中关于独立监事的基本理念，又要突出其作为民办高校组织中独立监事的特殊之处，尤其要关注公司组织作为营利性法人，与营利性民办高校之间的共性与差异，以及与非营利性民办高校之间的差异。独立监事制度框架设计以及后续的具体设计要在充分借鉴公司独立监事制度的有益经验的同时，对“民办高校”的组织个性进行剖析，突出“民办高校”中的“高校”特点。

第三，实行分类规范。在民办高校这个庞大而复杂的体系中，根据现有的基本分类标准有针对性地进行差异化制度设计，是科学构建民办高校独立监事制度体系的重要前提和基础。众所周知，民办学校类型与层次众多，营利性与非营利性，学历性与非学历性以及高等教育不同层次的民办高校，在性质、规模、功能、目标上均有较大的差异，应当在独立监事制度一般性规定的基础上，突出民办高校的类型与层次，形成“纵横立体式”的结构特点，全面构建系统性、立体式、全景式的民办高校独立监事制度体系。总体而言，应以营利性与非营利性民办高校的分类为根本，在具体设计中体现出两类组织的主要特性，在此基础上展开独立监事占比、职责等方面的考虑。

第四，选择试点先行。“窥一斑而见全豹，观滴水可知沧海”。试点先行是制度落地的典型方式，试点目的在于探索制度适切性的实现路径和实现形式，为全面推进制度设计提供可复制可推广的宝贵经验。在民办学校分类管理背景下，系统性且一次性地对民办高校的全部类型与层次的独立监事制度做出设计，难度大且现实可操作性较低。可行的思路是，选择其中某一类型不同层次有代表性的民办高校为切入点，先进行系统性的具体设计和选择试点推行，充分发挥试点的示范、突破和带动作用，随后总结经验展开一般性的框架设计以及不同类型的民办高校独立监事制度的具体设计，从而完成民办高校独立监事制度由点到线再到面的制度设计，直至在全部的民办高校中推行。

（二）基本框架

构建民办高校的独立监事制度，其中条件与选任规则是基础，权利与职责规则是核心，行权与履职规则是关键，支持与保障规则是条件。前述四个方面的一般性规则设计也就构成了独立监事制度的基本框架。

第一，条件与选任规则设计。独立监事的资格与条件以及选任程序的制度性规定，是民办高校独立监事制度的基础内容。具体而言，监事会成员人数不应低于三人，且独立监事成员不应低于三分之一，独立监事担任监事会主席。具体到不同类型、层次、规模的民办高校，应结合实际情况，在一般性的民办高校监事会独立监事占比要求及人数的基础上进行科学合理设计，以独立监事行使职权和履行职责所要求的品德性、独立性、专业性、经验性素质与能力为内涵特征，设定独立监事一般任职资格（含不得任职情形）和独立性要求（来自学校外部，并与学校及其举办者或捐赠者不存在可能影响其进行独立客观判断的关系）。同时，基于此设计相应的与独立董事同等严格的提名、独立性审查、选举条件与程序、任期任届和退出机制的规定，其中提名程序至关重要，可以与独立董事的提名一并考虑，并设定独立董事与独立监事互斥的提名权利，学校党组织、董事会、校长、监事会和举办者等机构或个人可以单独或联合向董事会提议独立监事候选人。[①]

第二，权利与职责规则设计。独立监事的权利、义务与责任的制度性规定，是民办高校独立监事制度的核心内容。民办高校独立监事的权责配置，主要目的在于通过与职位相适应的权利与义务配置、法律责任的设定等方面的制度安排，保证独立监事忠诚、勤勉履职。在权利方面，学校独立监事享有新《民促法》和其他法规规章以及学校章程赋予监事的一般职权，比如，列席董事会、检查学校财务、监督决策与执行机构成员履职情况，向教代会报告履职情况，等等。独立监事还应当享有履职所必要的特别职权，比如，提议召开临时董事会或教代会，提议聘用与解聘会计师事务所，提请解聘董事会、管理层成员和解除学校代表权，认可重大关联交易并提请董事会审议，并可以在行使前述权利时发表独立意见。在职责方面，独立监事应当独立、勤勉、诚信履职，在监事的一般义务与责任之外，还应当持续保持其独立监事身份和履职独

① 刘永林．民办学校独立董事制度研究[M]．北京：中国政法大学出版社，2019：68.

立性，规避与学校有关联关系的组织与个人的不利影响。值得注意的是，在同时实行独立董事和独立监事的学校，应对独立董事与独立监事的权责在学校章程、董事会章程和监事会章程中做出合理划分和清晰界定。

第三，行权与履职规则设计。独立监事的职权行使与职责履行的相关内容与程序的制度性规定，是民办高校独立监事制度的关键内容。在监事会议事方式、表决程序、会议召开等履职机制中，突出独立监事的行权与履职制度，比如，在监事会决议实行一人一票并经全体成员过半数通过的表决制度，应允许在特别情况下，赋予独立监事在重大事项上的一票否决权，并就此发表独立意见，同时也设定“一票否决权”严格的条件与程序要求，从而避免滥用的可能。在监事会的运行中，应科学设计独立监事依法、公开、公正行权与履职的一系列步骤、顺序、方法、时限规定，明确职责范围事项的工作目标、内容、要求、程序，以及保障独立监事就特定事项发表独立意见的规定，比如在学校重大关联交易中独立监事应享有发表独立意见的权利等。

第四，支持与保障规则设计。独立监事的职权行使与职责履行条件保障的制度性规定，是民办高校独立监事制度的重要内容。监督者的独立性是其独立行使监督权的前提和保障，应建立一系列与独立监事“独立性”要求相适应的保障制度。学校应当保证独立监事享有与其他监事同等的知情权，并提供独立监事与独立董事履职所需的同等工作条件；独立监事行使职权时，学校有关人员应当积极配合、协助和支持，不得影响其独立行使职权；学校应当保证独立监事的报酬与津贴不低于董事和管理层，且应当保证独立监事与独立董事同等待遇，学校承担独立监事履职过程中产生的费用；通过建立独立监事责任保险制度，以降低独立监事因过失行为导致的责任与风险的可能；探索建立独立监事声誉评价机制，以履职考核、绩效评价、信息披露等方式，持续提升独立监事履职能力与监督实效。

第二节　信息公开制度

委托代理理论是制度经济学中契约理论的重要研究内容，市场双方信息不对称及利益最大化背景下的激励约束问题是其重点关注的问题。民办高校董事会独立性背景下，董事会作为治理机构的核心，与管理层之间形成委托代理关系，必须通过建立一套规范代理行为的机制，以最低的代理成本获取最大的效益，而其中的信息公开制度是其中的基石。

从民办高校内部治理需要出发，建立健全非营利性民办高校信息公开制度，是建立健全对决策机构监督的关键制度，对增强民办高校董事会独立性意义重大，从理论、时代、价值和经验上看，均具有充分的必要性。面对制度规范、监督机制、治理能力、内生动力等方面的现实困境，亟须优化信息公开制度体系、突出社会力量监督作用、创新信息公开渠道和方式以及建构信息公开多元救济机制。

一、信息公开制度研究概述

随着我国社会经济的发展，民办教育越来越得到社会的认可，民办高校发展亦进入了快车道。新发展阶段，民办高校的合法有序高质量发展，信息公开是其中的关键一环。2007 年 4 月，在我国行政法制历史上具有里程碑意义的《政府信息公开条例》（以下简称《条例》）颁布，在《条例》第三十七条规定的直接催生和有力推动下，教育部于 2010 年 4 月发布《高等学校信息公开办法》（以下简称《办法》），并于 2010 年 9 月 1 日起正式施行，自此，高校信息公开制度在我国正式建立。2014 年，教育部又颁布《办法》的实施细则——《高等学校信息公开事项清单》（以下简称《清单》）、《全面推进依法治校实施纲要》（以下简称《纲要》）等一系列教育行政法律规范和规范性文件。《办法》《纲要》和《清单》旨在保障教师、学生（家长）、政府等利益相关者依法获取高校信息，从而加强对高校治理的监督，促进高校决策与管理的法治化，既具体规定了高校信息公开内容、方式、程序等项目，还阐明了高校信息公开同依法治校之间的关系。教育部办公厅于 2017 年 5 月印发的《关于全面推进政务公开工作的实施意见》明确规定，要全面推进教育政务公开，要求公开权力运行和政务服务的全过程、依法积极稳妥地实施负面清单制度等。如今，全国绝大多数公办高校都已按照《办法》的要求，在学校官网设置了专门的信息公开专栏和搜索引擎，将《清单》要求和高校认为与学生、家长及政府等利益相关主体相关的内容都纳入信息公开目录中。与公办高校相比，民办高校的信息公开显得更为重要，民办高校的学生缴纳更为高额的学费，对学校信息公开的真实性和全面性要求更高。而社会媒体对民办高校负面报道相对较多，甚至存在一些因为偏见导致的误解。所以，民办高校的信息公开对社会公众更好地了解民办高校、提升民办高校的社会声誉、强化民办高校的内部治理等具有重要作用。

当前学者对民办高校信息公开的相关研究比较少，且大多是从民办高校信息公开的现实情况的维度展开。其中杜志宏（2015）基于对 100 所民办高校官网的分析，发现民办高校的信息公开工作并未达到教育部《办法》规定的要求，存在阶段性总结信息少、个性化实质信息少、美化信息偏多等现实情况。[①] 张龙燕（2017）认为民办高校信息公开，关系到与社会公众利益密切相关的教育公开透明问题，也关系到民办高等教育的可持续发展问题，对保障公民对民办高校知情权、提升民办高校社会公信力和推动民办高校现代大学制度建设等方面均具有重要意义。[②] 牛霖霖（2017）等认为民办高校应

① 杜志宏 . 论我国民办高校的信息公开问题——基于百所民办高校官网的分析 [J]. 浙江树人大学学报（人文社会科学版），2015（3）：6-10.

② 张龙燕 . 民办高校信息公开的意义及其实现策略：福建为例 [J]. 浙江树人大学学报（人文社会科学版），2017（3）：24-29.

该主动公开学校基本情况信息和其他需要公开的信息及与师生员工利益密切相关、社会比较关注的重要信息，可以采用互联网、纸质材料、宣传橱窗、各类会议等形式进行，并指出目前民办高校信息公开工作存在公开信息不及时、实效性不足等问题。[①]黄月云、唐宁（2015）从博弈论的角度分析民办高校与政府之间存在信息不对称的表现，民办高校信息公开是政府在自主制定安排与实际运作中存在的核心问题之一。[②]总体上，近年来学者们主要针对民办高校信息公开的内容、方式和途径、现状等问题进行了探讨。但是，系统研究民办高校信息公开制度及其实践的研究尚未发现。在依托新时期的时代环境背景下，本研究从理论逻辑、时代逻辑、价值逻辑、经验逻辑等理论入手分析，剖析存在的现实困境，进一步探索民办高校信息公开的完善路径，为增强民办高校董事会独立性，为民办高校高质量发展提供借鉴和参考。

二、信息公开的基本逻辑

民办高校信息公开，是指民办高校作为办学主体以及与社会公众利益密切相关的社会组织，按照一定程序向学校师生及社会公众公开其运行和管理过程中所产生的有关信息的活动，包括办学条件、办学运行流程和办学投入产出等信息。

（一）理论逻辑

我国民办高等教育是商业性市民社会的产物。[③]现代大学制度在结构上的核心特征是大学与社会经济发展需求的适应性，[④]由此看来，构建高校信

① 牛霖霖，徐一婷，张纯娜．民办高校信息公开制度研究 [J]. 现代经济信息，2017（22）：88.

② 黄月云，唐宁．政府资助与民办高校财务信息公开的博弈论分析 [J]. 会计师，2015（6）：37-40.

③ 阎凤桥，林静．商业性的市民社会：一种阐释中国民办高等教育特征的视角 [J]. 教育研究，2012（4）：57-63+91.

④ 王洪才．论现代大学制度的结构特征 [J]. 复旦教育论坛，2006（1）：32-38.

息公开制度、导入社会参与机制是现代大学制度建设的精髓。民办高校已从社会边缘走到社会中心，具有鲜明的公共属性。民办高校实施信息公开的逻辑起点与法理基础便是民办高等教育的公共性和公民对高等教育的知情权。从治理的私人性转向公共性，是民办高校作为现代大学公共组织，获得政府公共政策扶持、赢得社会资源支持的必然选择。民办高校唯有在社会多元主体的共同参与下，主动融入社会公共活动，以承担社会公共责任为旨趣，才能巩固发展根基，形成强大发展合力。民办高校属于“公益性事业”，根本目的是培养服务国家与社会的人才。基于高等教育的公共性，社会公众有权获取民办高校办学过程中的相关信息。在现代民主法治社会，知情权是公民的一项基础性权利，而信息公开是公民知情权实现的重要前提。高校信息公开法律制度的确立，设定了民办高校信息公开的义务，以充分保障社会公众对民办高校办学信息的知情权，有助于社会公众参与民办高校办学，进一步推进全社会对民办高校的有效监督。信息公开作为一项“取信于民”的制度安排，将为民办高校提供新的发展契机，有利于拉近学校与社会的距离，提升办学透明度，充分展现学校民主、开放、务实和灵活的形象。[①] 在民办高校管理实践中，高校管理部门掌握了大量涉及公共利益方面的信息，依法依规公开和告知这些信息也就成为与公众知情权相对应的民办高校管理部门的义务。只有加强民办高校信息公开法治化建设，并要求民办高校管理部门主动、积极公开其所掌握的公共信息，公众的知情权才能真正实现。[②]

（二）时代逻辑

在网络技术和信息技术飞速发展的大数据时代，高等教育管理模式受到了前所未有的冲击并逐步适应这种外部信息环境。信息公开制度在我国尚处

---

① 张龙燕．民办高校信息公开的意义及其实现策略：福建为例 [J]. 浙江树人大学学报（人文社会科学版），2017（3）：24-29.

② 施彦军，陈俊源．当代高校信息公开法治化建设：价值分析、现实困境与突破路径 [J]. 黑龙江高教研究，2019（12）：34-38.

于推广期，营造公开透明的环境是社会合法、合理运转的客观要求。[①]《中国教育现代化 2035》明确，要全面提升教育信息化水平和师生信息素养，推动高等教育组织形式和管理模式变革创新，以教育信息化带动高等教育现代化。新时期，在网络信息化时代跃迁到大数据时代的背景下，人类收集和分析处理数据的能力突飞猛进，这对各类社会组织的信息公开是个严峻的挑战。随着民办高校进入高质量发展阶段，整体实力与公办高校相距较远，且存在一些民办高校办学行为不规范、社会认可度不高等问题，所以民众要求政府加强对民办高校的规范管理。近年来，在政府拨款项目化、公办高校改革成效日益凸显的情况下，民办高校的竞争优势不断弱化，获取资源的压力日趋加大；再加上近年来受生源减少、公办高校扩招、国外优质教育资源引入以及出国留学人数激增等各种压力的重重夹击，民办高校处在不进则退、慢进也是退的历史洗盘期。民办高校唯有通过信息公开，增强办学透明度和决策民主性，取信于学生家长和利益相关者，让受教育者能够根据自己的需要、特长和兴趣自主地选择学校和专业，才能让他们放心选择入学。但依据民办高校办学主体的特点和新《民促法》的规定，国务院和地方教育行政部门只承担对民办教育实施办学许可（准入）、招生、办学条件核查（年度检查）等宏观管理工作。民办高校应通过系统、全面的信息公开，既可让政府全面了解民办高校的办学实力，也便于政府教育部门在不干涉民办高校办学自主权的情况下实现监管，促进民办高校高质量发展。

（三）价值逻辑

民办高校信息化是加快推进依法治校进程的内在要求。依法治校的核心就是通过法律限制高校权力，以防止高校权力被滥用。民办高校必须受到法律的控制，其整体行为以及个体的行为都必须予以合法化、规范化，同时，

① 于熠．高校信息公开与程序法定——探究保障学生权利救济机制之完善[J]. 东北大学学报（社会科学版），2013（3）：304-309.

民办高校所做出的每一项决策都应当让广大师生了解并行使监督权。而建立民办高校信息公开制度、打造阳光型高校和透明型高校是加快推进依法治校进程的基本前提。民办高校的职权、办事流程与结果、监督方式等信息应向公众公开，保障公众的知情权、参与权和监督权，以监督民办高校正确行使各项权力，从而真正实现依法治校的目的。① 在知识经济条件下，高校的人才培养、科技创新、成果转化以及社会服务都必须通过信息公开的渠道，向社会充分展示自我，以使其他利益相关者对民办高校提供的产品和服务进行有效选择，让民办高校在快速发展的经济社会中寻求更多自我提升的契机，实现教育资源效益的最大化。为了保证民办高校对社会履行应尽的责任，需要提高民办高校办学的透明度。学校有责任向社会说明，它们是如何使用公共资源的，并且对其行为表现做出解释。《办法》明确规定了高校必须公开的信息，这样一来，高校的投入和产出将被置于政府与社会的视野之中。一个学校办学水平、办学效益都将接受社会的检阅，这必将激发高校不断进取的动力，努力提高办学水平和效益，办好人民满意的教育。

（四）经验逻辑

一个国家和地区的制度变迁受到他国经验的深刻影响。② 在人类社会交往不断扩大的今天，一个在世界上某个地方很成功的做法会立即被广泛宣扬，成为一个典范让世界其他地区效仿。③ 美国是较早将政府信息公开制度法制化的国家。美国较早建立了政府信息公开制度并形成了较完备的法律体系，

---

① 于熠．高校信息公开与程序法定——探究保障学生权利救济机制之完善[J]．东北大学学报（社会科学版），2013，15（3）：304-309.

② 王一涛．民办高校的内部治理与国家监管——基于举办者的视角[M]．北京：中国社会科学出版社，2019：307.

③ [美]弗朗西斯·福山．国家建构：21世纪的国家治理与世界秩序[M]．北京：中国社会科学出版社，2007：79-80.

具有较强的代表性，在世界范围内产生了广泛、深远的影响。[①] 自1966年出台联邦《信息自由法》（Freedom of Information Act）之后，美国的50个州都陆续依据《信息自由法》的基本原则明确了本州的信息自由法律，高校一般被涵盖在内。此外，美国《高等教育法》（Higher Education Act）、《家庭教育权和隐私权法》（Family Educational Rights and Privacy Act）中也都就高校信息公开进行规定；英国在2000年颁布的《信息自由法》（Freedom of Information Act 2000）中明确了高校承担的信息公开义务；澳大利亚部分州的立法中对于高校信息公开也有所体现，例如蒙纳士大学就根据《维多利亚州信息自由法》（Victorian Freedom of Information Act 1982）制定了本校的信息公开政策；加拿大大学也大多依据本州的信息自由法实行信息公开，例如阿萨巴斯卡大学根据《阿尔伯塔省信息自由与隐私保护法》（Freedom of Information and Protection of Privacy Act〔Alberta〕），成立了“信息自由与隐私办公室”（the Freedom of Information and Privacy Office），并制定了《信息获取政策》（Access to Information Policy）、《记录管理政策》（Records Management Policy）、《隐私保护政策》（Protection of Privacy Policy）。高校信息公开在构建具有中国特色的现代大学制度中扮演着重要角色。我国高校信息公开制度脱胎于校务公开制度，校务公开是整个信息公开制度中起步较早、力度较大的一个领域。[②] 我国高校信息公开相较于国外起步较晚，世界上已有超过七十个国家（地区）进行信息公开立法，其经验可以为我国高校信息公开立法提供较有价值的参考和借鉴。

---

① 李云驰．美国、英国政府信息公开立法的比较与借鉴[J]．国家行政学院学报，2012（3）：103-106.

② 马怀德，林华．高校信息公开在中国：历史溯源、文本解读与制度展望[J]．国家教育行政学院学报，2014（7）：19-24.

三、民办高校信息公开的现实困境

当前，在民办教育高质量发展背景下，民办高校信息公开在主要制度规范、信息公开监督机制、内部治理能力和信息公开动力等方面面临现实困境，增强民办高校董事会独立性的制度支撑较弱。

（一）主要制度规范亟须完善

当下，《办法》中对高校信息公开的监督和约束主体的规定主要是教育行政部门。它所规定的对高校信息公开的监督和保障，主要是以类似“责令改正”“通报批评”等非行政处罚为主的方式，不承担不利后果的法律责任，在现实执行中容易流于形式；且在这种机制下高校信息公开只是单向传输，公众的参与互动很少。此外，受《高等教育法》《档案法》《保密法》中相关规定影响，许多信息的公开受到限制。现有模式下社会公众获取公开信息的成本过高，高校对信息公开更多出于上级主管部门的问责需求和考核压力，缺少主动作为动力。高校信息公开立法不完善，使得信息公开的内容多以规定、规程、办法、通知等形式为依据，法律效力不足。一些民办高校在信息公开实施中存在信息公开的渠道选择不规范、信息数据管理粗放、发布不及时等现象，从而导致信息搜集和使用呈现碎片化的态势，难以搭建统一化的信息公开平台。受信息意识、信息价值观、自身利益保护等因素的影响，存在一定的管理漏洞和信息失范行为。例如学校信息公开制度不健全、信息公开不及时、网站建设水平低、信息失真等现象，阻碍了“透明高校”的管理落实。民办高校信息公开形式和标准未予以明确，实践中，普遍存在民办高校不重视信息公开，在官网平台上尚未设立信息公开栏，且同质化信息多，个性化实质性信息少，尤其是关于民办高校董事会成员构成及学校章程等信息公开得较少。

（二）信息公开监督机制有待优化

市场机制的引入使教育作为一种商品和服务被生产和经营，民办高校必须在遵循学术逻辑的基础上充分考虑自身运行的市场逻辑，以一种开放的姿态，从民办高校人才培养的输入和输出等环节接受来自社会各种力量的监督，主动应对上级部门的问责落实。当前，法制化、规范化、多层面的监督问责机制尚未建立。从个体层面讲，公众对高校信息公开的关注度受职业身份、社会地位和学历层次的影响较大，少数学历、地位高的利益主体对高校信息公开的关注度较高，但大多数利益相关者的信息权利意识淡薄，不知道如何维护知情权。民办高校信息公开的核心是“公开”，难点是“监督”，最终结果是形成及时和有效的信息“评议或反馈”。“公开”“监督”与“评议或反馈”能够形成一个相对完整的信息流通回路，有利于信息公开工作的深入推进。实践中，一方面，校内外评估机构参与信息评议和反馈的路径不通畅。从校内信息评议和反馈的过程来说，信息反馈的核心成员是行政人员，而教师和学生参与信息反馈的声音微弱、参与度不高、路径不畅通；从校外信息评议和反馈的过程来看，关于信息公开评议的第三方评估体系不健全，社会力量参与信息公开评议的路径受限。另一方面，信息评议和反馈的形式化严重。信息难以有效得到评议和反馈，民办高校信息公开工作良性运转无法保障。信息的评议和反馈对信息公开的二次建设十分重要，通过评议和反馈，学校“可以不断将自身内部的某些信息以及系统与外界环境相互作用所产生的信息加以再吸收，以调节系统内部各局域的关系以及根据环境的变化调整自身同外界的关系，导致系统内部诸要素之间关系的不断自我调整”。①

（三）内部治理能力亟须提升

完善的高校内部治理结构，是现代大学制度的重要特征之一。解决当下民办高校决策方式集权化、内部管理家族化等问题，不仅要建立健全董事会、校长和监事会等行使决策、执行及监督分权职责的组织机构，而且要贯彻民主原则，充分发挥教授、学生以及高校内部其他利益相关者的自主性，让他

① 湛垦华．系统科学的哲学问题[M]．西安：陕西人民出版社，1995：29.

们参与到学校的决策、执行以及监督活动中。信息公开有助于保障广大师生对学校重大事项享有知情权、话语权及监督权，有利于形成教授治学、师生民主参与的共同治理模式，进而构建起稳定的内部环境，推动民办高校高质量发展。信息公开本质上是对民办高校办学活动与教育服务工作的监督，加上大部分民办高校对教育透明度的重要性认识不足，未能形成信息公开的必要的内部治理能力。

（四）信息公开动力亟须增强

世界各国信息公开制度的一个共同原则是“信息公开是原则，不公开是例外”[①]。民办高校信息公开是一种外部的“行政指令”，还是一种内部的“自我律例”，关系着民办高校信息公开建设是否是真实公开、有效公开，信息公开的道路能走多远以及信息公开的成效能有多大的关键性问题。有学者认为，“信息公开范围界定乃是一种复杂价值平衡的结果”[②]。长期以来，我国传统文化中相对封闭的保密意识和保守主义价值追求，形成了相对集中的高等教育管理模式，使得民办高校普遍存在着“信息不公开”的本能倾向，民办高校的工作制度和权力运行机制常常处于“自说自话”的信息封闭状态之中，甚至形成了某种思维定式，即民办高校信息不公开是一种原则，信息公开反倒成了一种例外，没有真正意识到信息公开对提升其社会公信力和可持续发展都具有重要作用，因此未能形成信息公开的自觉行动力。

四、完善信息公开的路径选择

在民办高校信息公开领域，通过优化信息公开规范体系、突出社会力量监督作用、创新信息公开渠道及方式、建构信息公开多元救济机制，进一步

① 张明杰．开放的政府——政府信息公开法律制度研究[M]．北京：中国政法大学出版社，2003：103.

② 湛中乐，苏宇．论政府信息公开排除范围的界定[J]．行政法学研究，2009（4）：36-44.

增强民办高校董事会独立性，加快推进民办高校治理现代化。

（一）优化信息公开规范体系

优化信息公开规范体系可以有效保障民办高校信息公开制度的效力。一方面，在现行教育法律规范中增设高校信息公开制度。由于《高等教育法》在当前高等教育法律体系中具有较高的法律地位，并在高等教育领域发挥着基本法的作用，因此，国家可以在现行《高等教育法》中增设专门条款，在教育法律层面建立高校信息公开制度，这样不仅可以节约立法成本，还可以提高高校信息公开制度的法律效力层级，也能减少来自其他法律规范的限制。另一方面，明确民办高校制定具体信息公开制度的法律依据。正是由于缺乏明确的法律效力来源，不同高校在制定信息公开制度时所依据的法律规范出现形式各样的情况，不利于民办高校信息公开制度的统一。只有明确并且统一民办高校制定信息公开的法律依据，才能提高民办高校制定信息公开制度的科学性与合法性，避免与民办高校其他法律规范相冲突，最大限度地保障民办高校信息公开制度充分发挥应有的法律效力。在宏观政策上，完善民办高校信息公开的国家—地区—高校等三级规范体系，保证民办高校信息共享机制常态化。目前，我国有一些地方教育行政主管部门制定了关于校务公开或信息公开的专门规定，少数民办高校制定《信息公开事项清单》或《信息公开实施办法》，其他一些省级地方政府及其民办高校应尽快出台高校信息公开规定或办法，同时推动民办高校成立信息公开内部专门机构，保障民办高校信息共享机制常态化。

（二）突出社会力量监督作用

引导社会力量建立第三方评价机构，发挥社会力量在民办高校信息公开中的积极作用。有序社会力量培育的最佳途径是公众实践，它能保证高校信息公开后及时获得反馈信息。在民办高校内部领导体制建设方面，为了扩展民办高校信息公开范围、保障相对人知情权、整合高校校务公开制度，可以考虑建立民办高校信息公开工作的党委领导体制，建立学校党委领导的行政、纪检、工会、党务等部门参加的高校信息公开领导机构，整合行政信息和党群信息的公开，更好地推进民办高校信息公开工作向纵深发展。建立健全信息公开监督实施机制。民办高校可以从信息公开的内部监督与外部监督两个方面着手，以此共同推进民办高校信息公开监督的法治化建设。一方面，民办高校要加强信息公开的内部监督机制，不断优化信息公开监督人员配置，定期开展业务培训活动，在必要时打造职业化高校信息公开监督队伍，严格按照“公开前审查”和“一事一审”的原则，对拟公开的信息进行筛选和监管，要将规范的信息及时传达给有关人员；另一方面，民办高校可以借助外部力量来对高校信息公开进行监督，利用立法部门、司法部门、新闻媒体、社会团体（尤其是第三方信息评估机构）、公民个人的监督评价作用来推进民办高校信息公开监督制度的建设。

（三）创新信息公开渠道及方式

民办高校须重视信息公开载体的建设，将网站作为信息公开的主要平台和基本渠道：在门户网站设立专门的信息公开专栏，并设置信息公开办事机构、指南、目录、主动公开事项以及申请公开渠道等子栏目，以方便公众及时、准确获取信息；注重信息的沟通与反馈，除通过开设网上信息公开意见箱等积极回应学生、家长以及公众的关注点和需求外，注重微博、微信公众号、视频号等自媒体信息平台的开发与利用，进而推动民办高校信息公开往纵深发展。随着互联网和信息技术快速发展，高校的利益相关者日益多元化，信息公开的载体、渠道和方式更加灵活多样，民办高校要处理和分析的信息规模越来越大，立体化、网络状的信息公开框架和结构亟须建立：一方面，着力加强信息公开的硬件建设，协同推进信息公开的辅助平台建设，由学校专职的信息受理和监督机构牵头，协同各主管部门在进一步完善以学校门户网站为主要信息公开渠道的基础上，积极推进学校的办公自动化平台、校内二级单位网站、校报校刊、年鉴、微博、微信公众号等信息公开平台的建设；

另一方面，结合受众的不同需要，建立健全多层次、多类型、立体式的信息沟通与交流机制，广泛收集师生、家长和社会各方对学校工作的意见和建议，定期开展如“相约校长”“青年教师座谈会”“离退休教职工校情通报会”等不同形式的信息交流与沟通活动，保障信息沟通与传递渠道的畅通无阻。

（四）建构信息公开多元救济机制

信息公开也是民办高校行使的公共权力，如果民办高校行使信息公开的权力侵犯当事人合法权益，应当允许当事人提起诉讼，来维护自身合法权益，符合“司法最终解决”的法治原则。[①] 一是建立健全多元化的非营利性民办高校信息公开权利救济体系。主要包含进一步完善申诉、行政复议、行政诉讼等救济途径，切实维护当事人的合法权益，真正保障民办高校信息公开监督救济体制的良性运行。二是进一步完善民办高校信息公开年报制度。为了加强高校师生和社会公众对高校信息公开工作的监督，应当规定民办高校在某个时间向社会公开年报和年报的必备内容，以此引导民办高校信息公开工作及年报制度的有效推进，进一步强化社会对民办高校的监督。三是健全完善民办高校信息公开评议制度。要保障评议机构的独立性和专业性，有效隔离评议机构与高校以及教育部门的利益关联；要完善评议程序，加强评议活动的公开、透明及公众参与；要加强相关部门对评议机构和评议活动的监督管理，解决“谁来评议和监督评议者”的问题，真正保证评议活动的公正与合理。

① 马怀德，林华．高校信息公开在中国：历史溯源、文本解读与制度展望[J]．国家教育行政学院学报，2014（7）：19-24.

第五章

民办高校董事会独立性的制度环境

公共责任理论视野下，分权化治理格局下的政府管制正当性集聚在对公共服务组织的公共责任监管上。民办高校作为提供教育公共服务的组织之一，公共责任是其作为公共事务承担者的基本义务。全球化与公民权利意识觉醒内在地指向政府治理体系的重构，对于增强民办高校董事会独立性而言也是如此。分类管理背景下，“新法新政”中确立的民办学校董事会独立性价值取向，有一系列涉及民办高校法人治理的宏观政策与制度架构支撑，未来也需要更多具体的制度予以加持。

宏观层面的民办教育法治、中观层面的分类管理地方政策和微观层面的过渡阶段制度等方面形成的制度环境，与民办高校董事会独立性生成及其配套制度落地息息相关，是民办高校董事会独立性系统的外部重要影响因素。当前，关于增强民办高校董事会独立性的主要途径，亟待从中央到地方以及民办高校自身，根据新《民促法》系统制定相关新规则和修订已有的旧规则，使制度体系完备和自洽。董事会独立性的制度环境主要包括民办教育法治体系、省级地方的配套政策创新以及选择登记过渡阶段政策创新等制度环境。

第一节　推进民办教育法治建设

民办教育法治是民办高校高质量发展的重要前提和基础，也是增强民办高校董事会独立性的外部环境中的宏观影响因素。民办教育法治作为宏观层面的制度因素与分类管理政策、过渡阶段制度等中观层面、微观层面的制度因素一起，共同构成增强民办高校董事会独立性的制度环境。总体回顾改革开放以来民办教育法治的发展历程，从整体上分析民办教育法治建设的成效及未来展望，并以发展的眼光分析当前民办教育发展面临的现实挑战及其未来应对，是全面系统理解民办高校内部治理的重要视角。新形势下，深入推进民办教育分类管理，全力推动民办教育内涵式发展，关键在于突出重点领域法制建设、优化民办教育法律体系，全面推行清单管理制度、推进民办教育依法行政，稳步推进教育法律实施、健全教育行政执法机制，深入推进依法治校建设、提高民办学校治理水平，加快推进法治教育工作、奠定民办教育法治基础，切实完善权利保障机制、维护利益相关主体权益。

一、民办教育法治建设的回顾

改革开放以来，我国民办教育法治主要经历了恢复起步、快速发展、全面发展、深化发展四个阶段。

（一）恢复起步阶段（1978—1992 年）

1978 年，我国进入改革开放新时期，同时也开启了经济社会各个领域法制的恢复与重建工作。[①] 民办教育亟须得到政策与法律的双重认可及保障，民办教育法治建设也开始逐步恢复。

改革开放初期，为了缓解国家教育资源短缺和人才需求旺盛的突出矛盾，发挥社会力量办学的重要补充作用，坚决落实“两条腿”办教育的方针，国家相继出台《中华人民共和国宪法》（1982 年修订版）[②] 和《中华人民共和国义务教育法》（1986）[③] 等法律，颁布《关于教育体制改革的决定》（1985）[④]，从国家层面以法律的形式赋予社会力量发展国家教育事业的主体资格，并对社会力量办学做出了原则性规定，以确立民办教育的法律地位，实现了自新

---

① 中共中央文献编辑委员会 . 邓小平文选（第二卷）[M]. 北京：人民出版社，1994：146.

② 《宪法》（1982 年修订版）第十九条第四款规定“国家鼓励集体经济组织，国家企业事业和其他社会力量依照法律规定举办各种教育事业”。

③ 《义务教育法》（1986 年）第九条规定“国家鼓励企业、事业单位和其他社会力量，在当地人民政府统一管理下，按照国家规定的基本要求举办本法律规定的各类学校”。

④ 1985 年 5 月，中共中央颁布了《关于教育体制改革的决定》，提出地方鼓励和指导国营企业、社会团体和个人办学，鼓励捐资助学，控制各方面向学校征收费用，降低学校经济负担。支持企事业单位发展职业技术教育，鼓励集体、个人和其他社会力量办学。

中国成立以来民办教育由取消再到恢复的转变。[1]1987 年，为了进一步落实国家鼓励社会力量办学的方针，国家教委出台民办教育第一个专门规章——《关于社会力量办学的若干暂行规定》，对“社会力量”的含义、地位、设置等做出全面规定。同年，又联合财政部颁布《社会力量办学财务管理暂行规定》，要求各级人民政府及教育行政部门鼓励和支持社会力量举办各种教育事业。随着社会力量办学的快速发展，诸如无序招生等问题逐渐暴露出来，国家各部门针对性地发布了系列文件，比如，国家教委发布《关于跨省、自治区、直辖市办学招生广告审批权限的通知》（1990），联合公安部等部门出台《社会力量办学印章管理暂行规定》（1991）。这一时期，民办教育相关法律、部门规章、政策文件陆续出台，民办教育立法恢复历程迈出坚实的步伐。

这一阶段，十一届三中全会召开并提出“有法可依、有法必依、执法必严、违法必究”十六字方针，《中华人民共和国行政诉讼法》（1989）颁布实施，我国依法行政的大环境逐步兴起，但受到民办教育法律体系尚不健全及内部治理政策缺失的影响，民办教育领域依法行政、依法治校、依法治教等法治理念并未确立，民办教育法治仍处于起步阶段。

（二）快速发展阶段（1993—2002 年）

这一时期，我国开始建立社会主义市场经济体制，并提出依法治国的基本方略，对民办教育及民办教育法治的发展产生重要影响。具有较强市场属性的民办教育自此迎来重要发展机遇，民办教育法治也进入了快速发展时期。

1993 年 2 月，中共中央、国务院颁布《中国教育改革和发展纲要》，首次明确了国家对社会团体和公民个人依法办学“积极鼓励、大力支持、正确引导、加强管理”的十六字方针。随后，国家陆续颁布《教师法》（1993）[2]、

① 陈桂生．中国民办教育问题 [M]. 北京：教育科学出版社，2001.

② 《教师法》(1993) 第三十二条：社会力量所办学校的教师待遇，由举办者自行确定并予以保障。

《教育法》（1995）[①]、《职业教育法》（1996）[②]、《高等教育法》（1998）[③]等一系列法律，关于社会力量办学的顶层设计正式在一系列的教育法律层面得到确认。同期，国家还相继颁布《民办高校设置暂行规定》（1993）、《中外合作办学暂行规定》（1995），发布《国家教育委员会关于加强社会力量办学管理工作的通知》（1996），对社会力量办学部分领域进行规定。值得注意的是，1997 年国务院出台《社会力量办学条例》（以下简称《办学条例》），这是第一部民办教育行政法规，其全面、系统、详尽地规定了社会力量办学的各项内容。2002 年，国家颁布《民办教育促进法》，这是第一部民办教育法律。该法对民办学校与公办学校的同等法律地位等重要内容做出了全面规定，在支持与规范民办教育发展方面形成框架性法律制度设计。民办教育专门法律规章的出台，标志着民办教育法律体系初步建立，民办教育进入依法办学、依法管理的新时期。

1993 年，国家提出依法行政原则[④]，并通过立法形式对民办学校办学职权及民办学校内部治理进行规定和规范。例如，《民办高校设置暂行规定》（1993）对民办高校内部管理机构和规章制度的建设，校长和教职工的聘任及经费的使用等内容进行了规定。《办学条例》对民办学校内部治理进行规

① 《教育法》（1995）第二十五条：国家鼓励企业事业组织、社会团体、其他社会组织及公民个人依法举办学校及其他教育机构。任何组织和个人不得以营利为目的举办学校及其他教育机构。第五十三条：企业事业组织、社会团体及其他社会组织和个人依法举办的学校及其他教育机构，办学经费由举办者负责筹措，各级人民政府可以给予适当支持。

② 《职业教育法》（1996）第十七条：县级以上地方各级人民政府应当举办发挥骨干和示范作用的职业学校、职业培训机构，对农村、企业、事业组织、社会团体、其他社会组织及公民个人依法举办的职业学校和职业培训机构给予指导和扶持。第二十一条：国家鼓励事业组织、社会团体、其他社会组织及公民个人按照国家有关规定举办职业学校、职业培训机构。境外的组织和个人在中国境内举办职业学校、职业培训机构的办法，由国务院规定。

③ 《高等教育法》（1998）第六条：国家鼓励企业事业组织、社会团体及其他社会组织和公民等社会力量依法举办高等学校，参与和支持高等教育事业的改革和发展。第三十九条：社会力量举办的高等学校的内部管理体制按照国家有关社会力量办学的规定确定。

④ 1993 年，《政府工作报告》明确提出“各级政府要依法行政，严格依法办事”，确立了依法行政原则。

范，并首次提出了董事会作为学校决策机构的建议。这一阶段，用时任国家教育委员会主任朱开轩的话来概括，就是“教育法制建设不断完善，教育执法力度进一步加强，依法治教的观念正在逐步形成”[①]。

（三）全面发展阶段（2003—2015年）

众所周知，这一时期，民办教育进入快速发展阶段，民办教育的野蛮生长，暴露出了公众对民办教育的认知、政府对民办教育的扶持、民办学校内部治理及自我约束等方面问题，这亟须国家层面进一步完善民办教育法律法规，民办教育法治也由此进入全面发展阶段。

2003年9月1日，随着原《民促法》的正式实施，民办教育立法进入全新阶段。围绕全面深化和落实原《民促法》及其《实施条例》，出台了《中外合作办学条例》（2003）、《关于规范并加强普通高校以新的机制和模式试办独立学院管理的若干意见》（2003）、《教育部关于加强依法治校工作的若干意见》（2003）、《民办教育收费管理暂行办法》、《民办高等学校办学管理若干规定》（教育部令第25号）、《独立学院设置与管理办法》（教育部令第26号）、《关于教育税收政策的通知》（财税〔2004〕39号）、《关于启用〈民办学校办学许可证〉有关问题的通知》（教发厅〔2004〕2号）、《实施教育行政许可若干规定》（2005）等一系列配套法规与政策，以全面落实和丰富原《民促法》及其《实施条例》形成的框架制度设计。民办教育发展的制度基础得到进一步夯实，民办教育法治体系趋于完善。此外，《国家中长期教育改革和发展规划纲要（2010—2020年）》提出积极探索营利性学校和非营利性学校分类管理，并在国家层面推动教育一揽子修法的意见，这为民办学校分类管理改革奠定了基础。

2003年，教育部颁布《关于加强依法治校工作的若干意见》，民办学校

① 参见《国家教委关于印发朱开轩同志在国家教委1997年教育工作会议上的讲话和〈国家教委1997年工作要点〉的通知》。

开始在办学理念、制度建设、普法教育、师生权益保护等方面有计划、有步骤地推进依法治校。2012年，国家发布《全面推进依法治校实施纲要》（2012），《关于鼓励和引导民间资金进入教育领域促进民办教育健康发展的实施意见》（教发〔2012〕10号）就进一步扩大民办学校办学自主权，强化民办学校内部治理进行全面规定，民办教育领域进入全面依法治校阶段。2005年，教育部颁布《实施教育行政许可若干规定》（2005），标志着教育领域进入依法行政新时期，民办学校聘任校长核准等涉及民办教育的12项[①]行政审批、行政许可项目被取消、调整和下放。同时，逐渐增多的民办教育纠纷使得民办教育主体权益保护备受关注，民办教育法律纠纷的司法解决也朝着更加法治化的方向发展。

（四）深化发展阶段（2016年至今）

新《民促法》2016年修订并正式实施，民办教育进入分类管理时代。同时，以新《民促法》为依据制定的新法新政次第出台，民办教育法治向纵深发展。

2016年以来，伴随着新《民促法》颁布实施及民办学校分类管理改革的推进，国家还发布了《国务院三十条》，相继出台了《关于加强民办学校党的建设工作的意见（试行）》（2017）、《民办学校分类登记实施细则》（2017）和《营利性民办学校监督管理实施细则》（2017）、《国务院办公厅关于同意建立民办教育工作部际联席会议制度的函》（国办函〔2017〕78号）、《关于规范校外培训机构发展的意见》（国办发〔2018〕80号）、《关于学前教育深化改革规范发展的若干意见》（2018）、《民促法实施条例》（2021）等法规

① 2003年至2016年，国务院发文逐批下放和取消了中外合作办学机构颁发外国学历、学位证书的资格审批，开办武术学校审批，开办少年儿童体育学校审批，开办外籍人员子女学校审批，设立技工学校审批，中外合作办学机构以及内地与香港特别行政区、澳门特别行政区、台湾地区合作办学机构聘任校长或者主要行政负责人核准，民办学校聘任校长核准，孔子学院（课堂）设置及年度项目审批，高等学校境外办学实施专科教育或者非学历高等教育审批，校外学习中心（点）审批等12项。

政策，初步形成了民办教育改革的顶层设计框架，同时针对现实问题回应了民办学校的诉求，明确了促进和规范民办教育发展的价值导向，这对促进民办学校发展、提高办学质量、规范办学行为将产生深远影响。[①] 为进一步细化新法新政，教育部、工商总局、财政部等部门发布了《教育部等十四部门关于印发〈中央有关部门贯彻实施《国务院关于鼓励社会力量兴办教育促进民办教育健康发展的若干意见》任务分工方案〉的通知》（教发函〔2017〕88 号）、《关于营利性民办学校名称登记管理有关工作的通知》（工商企注字〔2017〕156 号）、《关于非营利组织免税资格认定管理有关问题的通知》（财税〔2018〕13 号）等政策文件，辽宁省、安徽省、上海市、内蒙古自治区等 30 个省、直辖市、自治区出台了相关具体法律法规。新一轮的民办教育新法新政将全面深化民办教育法治发展，并为民办教育改革发展奠定坚实的基础。

2016 年以来，中国教育进入教育 2.0 时代，教育领域的矛盾已经转变为学生家长日益增长的对高质量教育的需要和教育质量不平衡不充分的发展之间的矛盾，民办教育已然成为教育发展新的增长极，并担负着新的历史使命。在教育现代化背景下，民办教育要在复杂的公益性和营利性的平衡中行稳致远，民办教育法治的关键性作用不可或缺。

二、民办教育法治建设面临的现实挑战

改革开放以来的民办教育法治建设历程既反映了民办教育法治所取得的重大成就，也凸显了民办教育法治发展所面临的诸多现实挑战。

（一）与教育改革相适应，亟须增加教育法治供给

法治与改革如车之双轮、鸟之两翼。中国民办教育进入分类管理改革的关键时期，我国民办教育领域初步形成了以新《民促法》为核心的民办教育法律体系，但积极适应民办教育改革与各种新情况新形势的有关法律法

① 钟秉林 . 民办教育发展步入新阶段 [J]. 中国教育学刊，2017（3）：5.

规，与民办教育分类管理落地落细的法规与政策还有所欠缺。例如，民办学校分类管理政策允许设立营利性民办学校，但是对分类登记过渡期限、营利性民办学校与非营利性学校相互转换后的债权债务关系衔接，非营利性民办学校事业法人身份确定问题[①]，以及非营利性学校转为营利性民办学校所要面临的财产清算、资产转移中的税费问题，营利性民办学校运行过程中的税费问题，营利性民办学校的土地供给问题，对于营利或非营利的选择可否悔选[②]，转后税收优惠政策、补偿和奖励等实际问题仍需更实更细的政策予以保障。非营利性民办学校集团化办学问题仍需尽快予以明确，以便给予现有采取集团化办学的非营利性学校更加充足的时间进行选择与应对。当前，各地落实民办教育新法新政进度不一、政府扶持力度有别、举办者合法权益保护解释口径多样等情况，让部分民办学校产生了“分类管理改革支持不够、规范有余”的印象[③]，而且，非营利性民办学校登记为事业单位的政策条件和操作路径并不明确，教育行政部门在制定分类登记的具体政策时常常感到无所适从。[④]因此，各省级区域范围内的支持与规范民办教育发展的法规与政策体系仍需要进一步修订和完善，尤其是与新出台的《民促法实施条例》相配套的地方实施办法也需前瞻性考虑。

（二）与教育需求相适应，亟须强化教育行政执法

党的十八大以来，我国实行全面依法治国，教育行政执法需求及法治环境发生了变化，教育行政执法在推动民办教育治理变革和破解民生领域教育乱象方面的作用更加凸显。但与人民日益增长的多元、特色、优质的教育需求相比，现行教育行政执法力度不强，已成为民办教育法治的薄弱环节。教

① 李虔，卢威．民办学校分类管理十大未决问题探析 [J]. 中国教育学刊，2018（8）：5-12.

② 徐绪卿．贯彻落实《民办教育促进法》新法的若干思考 [J]. 复旦教育论坛，2017（2）：29-33.

③ 周海涛，闫丽雯．支持和规范社会力量兴办教育的新作为 [J]. 教育与经济，2019（1）：3-6+15.

④ 方建锋．推进民办学校分类管理中面临的瓶颈问题分析 [J]. 复旦教育论坛，2018（2）：43-48.

育行政部门监管不严，导致民办教育机构仍存在诸多失范现象。与民办教育机构快速增长相比，投入到民办教育领域的行政执法力量远远不足，行政执法出现顾此失彼、力不从心的现象，执法效果大打折扣。同时，教育行政部门内还存在人员编制受限、职权配置不清、法律制度障碍、同级区域协同不足等问题，部门间协同程度不高、与第三方力量的协同程度不高、执法重心下沉尚不彻底等问题。[①] 还有一些地方教育行政执法机构不健全，执法队伍素质不高，教育行政执法条件先天不足。

（三）与学校发展相适应，亟须全面实施依法治校

随着我国社会主义市场经济体制的逐步完善，教育领域的社会关系与管理范畴发生了重大变化，民办学校与相关行政部门、教师、学生、家长以及其他社会组织之间，正在产生大量的民事关系和新型的权利义务关系，由此带来的新情况、新问题需要全面深入实施依法治校，运用法治思维、法治方式解决。但民办学校依法治校实践仍存诸多现实挑战，例如，民办学校章程上承国家法律法规，下启学校规章制度，其统领学校规章制度的作用未能得到充分发挥，有的民办学校章程特色及实用性不足，与学校的具体情况联系不紧密；章程制定主体相对单一，教职工、学生参与度不高，这直接导致民办学校章程的作用被弱化，逐渐退化成一种象征。民办学校内部治理机制尚需完善，董事会成员结构单一且代表性不足问题较为突出，对董事会和举办者管理权监督不够，举办者超越董事会和校长进行决策和运行管理，违背“民办学校校长依法独立行使教育教学和行政管理职权”[②] 的现象依然存在，民办学校办学自主权障碍仍未彻底清除。

① 高杭．教育行政执法协同性研究 [J]. 行政科学论坛，2016（8）：32.

② 刘熙．民办高校章程建设的制度基础与问题反思 [J]. 浙江树人大学学报（人文社会科学版），2014，14（5）：35-41.

（四）与社会发展相适应，亟须增强法治教育实效

民办教育法制建设的成就并不必然导致法治教育程度的提高，虽然民办教育已有四十年的发展历史，但是民办教育领域的法治教育仍然落后于社会发展。民办学校相关主体对法治教育要义把握不够，对法治教育的概念、教育措施、教育教学实践存在困惑，熟记法条、法律解说、预防犯罪等片面理解占主导地位。法治教育内容缺乏系统性与合理性，法治教育课程体系不完整、法治素养及法治能力提升元素缺乏，忽视法律意识和信仰的培养。[①]法治教育环境营造不够，学校法治教育主线不明确，法治教育类活动不多。法治教育教师配备不足，专职法治教育教师缺乏，具有法学专业背景的法治教育教师严重不足，其他任课老师兼职教授法治教育课程占比较高。法治教育质效评价指标体系不健全，以依法治校整体效果评判法治教育的情况较为突出，建立法治教育评价体系的条件不成熟。

三、民办教育法治建设的未来展望

在民办教育新法新政实施背景下，我国民办教育发展进入制度创新和内涵提升的关键阶段，事业发展面临从补充型教育向选择型教育转型，教育现代化背景下的民办教育法治肩负着新的使命。[②]

（一）突出重点领域法治建设，优化民办教育法律体系

法制是法治的重要前提，完善的民办教育法律体系是民办教育法治的重要基础。新时代，民办教育发展仍需进一步创新与完善法律制度，进一步打破陈规桎梏，加大立法力度、提升立法层次、扩展立法维度，为民办教育分

① 刘晓雯，冀益萍．中职学校法制教育模式存在的问题及改进措施[J]．职业技术教育，2016(20)：17-20.

② 沈剑光．民办教育发展的战略转型与政策应对[J]．教育研究，2009(8)：83-87.

类管理的顺利实施扫清法律死角、铺平法制道路。[①]需聚焦重点领域及软法再造，形成一套以行政法为主体，民法相配合，辅之以必要的刑法手段，并以其他手段为适当保障的完整的法律调控机制。[②]加快民办教育新法新政的实施，凸显支持和规范民办教育发展的政策预期，让举办者和民办学校，以及相关权利主体吃下“定心丸”，从准入、监管到治理，从禁止、支持到规范，需要以更高的智慧、更大的力度、更快的速度创新、优化民办教育法律体系，尤其是省级区域内的民办教育法规体系。需发挥地方层级法律、政策的效力，准确把握民办学校分类的边界，敢于大胆创新，充分考虑到民办学校的难处，做好域外成功经验的本土化，制定合理化、效率化、差异化的管理制度，让法律、政策变为操作性强的办事指引。[③]

（二）全面推行清单管理制度，推进民办教育依法行政

作为一项经济领域简政放权的制度变革，清单是指通过名目列举的方式明确主体依法必须作为或无权实施的行为，并以此明确主体的权力责任范围。随着改革的深入，清单所涉领域逐步超出了制度设计所指向的市场激发活力，从经济改革领域进入教育和学校管理等社会改革领域，成为深化教育改革的重要抓手。[④]推进民办教育依法行政，亦需聚焦重构政府、举办者、学校等主体的权责配置，切实保障教职工、受教育者等主体的权益，突出强化地方各级政府职责，在民办教育管理中推行责任清单、权力清单和负面清单制度。在责任清单中，明确列举有关政府或其相关部门在民办教育管理中“应当”或“必须”作为的事项，将教育行政部门的法定职责细化、具体化、公开化，要求教育行政部门不仅不能推卸责任、不作为，还必须积极地履行职责，否

① 唐诗蕊，魏志春．供给侧改革背景下民办教育分类管理政策困境与路径[J]. 现代教育管理，2018（4）：37-42.

② 劳凯声．“依法治教”是推动教育改革与发展的重要力量[J]. 人民教育，2014（21）：1.

③ 唐诗蕊，魏志春．供给侧改革背景下民办教育分类管理政策困境与路径[J]. 现代教育管理，2018（4）：37-42.

④ 刘文香．国内教育清单管理研究综述[J]. 教育导刊，2018（11）：23-27.

则要依法承担相应责任。在权力清单中，明确列举法律法规授予有关政府或其相关部门管理民办教育的相关权力，并用清单的形式固定下来，把属于社会管理的事项交由社会管理，[①] 在法律法规实施中要求“法无授权不可为”，防止教育行政部门越权、错位。在负面清单中，厘清民办学校教育管理及办学行为禁止及限制事项，明确“学校申请设立”“组织管理与登记”“教师权益”“市场准入”等学校管理及办学权限的实施依据、工作流程等，并向社会公布，接受社会监督，突出违规失信的惩戒惩罚，进一步规范民办学校的办学行为。

（三）着力强化教育法律实施，健全教育行政执法机制

民办教育的内涵式发展离不开民办教育法律制度的有效实施。强化教育法律实施更要深化教育行政执法体制机制改革。构建教育行政执法责任制，明确教育行政部门行政执法主体地位及主要职责，让教育行政部门意识到自身有责任对民办教育领域进行治理，管不好治不好要负首要责任。规范民办教育行政执法行为，让执法者充分领会“放管服”改革的要义，既要严格执法程序、遵守执法纪律、做到公正公平执法，又要履行服务职能，创新服务方式、提高服务水平，共同推动民办教育问题解决。探索建立教育领域综合执法机制，提高民办教育行政执法行动的统筹协调层级和力度，突破教育行政条块限制，进一步整合教育系统内部行政执法力量，推动教育督导与行政执法的结合，提高对某一重点领域、重点问题的集中整治，切实落实民办教育政策法律。加大行政执法投入和执法机构编制供给，加强执法队伍建设、执法经费保障，探索教育委托执法机制和教育专门执法机构建设，确保教育执法力量能够满足民办教育市场化趋势带来的治理需求。

---

① 董圣足．我国民办教育治理制度：变革与创新[J].华东师范大学学报（教育科学版），2017（6）：18-26+152-153.

（四）深入推进依法治校建设，提高民办学校治理水平

民办教育内涵式发展要求加快民办教育领域教育法治化进程，全面深入推进依法治校，强化民办学校内部治理。强调并落实学校章程在学校规章制度体系中的统领地位，突出民办学校章程内容的合法性，制定主体的多元化，强化章程的独特性、实用性和可操作性，积极推进章程实施的监督检查工作。以新法新政为参照，对学校的规章制度进行合法性审查，制定、修改和废止规范性文件，构建新的民办学校制度体系。强调并坚持民办学校内部治理科学与民主原则，进一步完善民办学校决策机制，建立对决策机构的监督机制，探索建立民办学校独立董事（理事）、监事制度，落实学校关键岗位亲属回避等制度，推行学校重要决策的法制审查。探索建立多元主体广泛参与、共同监督的管理机制，坚定落实民办学校的法人制度，完善民办学校的法人治理结构，进一步增强和发挥党组织在民办学校的作用，落实“双向交叉、双向进入”等制度，进一步落实《高等学校学术委员会规程》中有关民办高校学术委员会相关规定，进一步突出学术委员会在学术治理中的重要作用。

（五）加快推进法治教育工作，奠定民办教育法治基础

法治教育是国家文明进步的重要途径，[1] 是民办教育的题中应有之义。新形势下，应强化法治教育在民办教育中基础性地位的认识，增强民办学校法治教育意识，充分发挥课堂教学、专业教师、法治文化等因素在法治教育中的作用，补齐民办学校法治教育的短板，实现提升民办学校法治教育质效的目标。发挥课堂教学法治教育主阵地作用，丰富课堂教学方式，提高学生的参与度和融合度，增强法治教育的吸引力；增强教育内容与生活经验和社会现实之间的契合度，加强法律、法治与学生生活的联系，提高学生学习效果；加强法治教育与其他学科教育的融合，延伸法治教育的触角，拓展法治

① 刘朝武．青少年法治教育现状及问题研究——以 S 市部分中小学为例 [J]. 法制与社会，2017（16）：248-251.

教育空间。发挥法治教育教师的关键性作用，推动法治教育学科化，培养与之相匹配的法治教育专职教师，通过引进、培养、培训等方式，打造法治教育专职教师队伍。发挥法治文化氛围的催化剂作用，在学校开展法治沙龙，多校联合设立法治奖（助）学金，通过举办区域性民办学校法律知识竞赛等方式，营造学校法治文化氛围。

（六）切实完善权利保障机制，维护利益相关主体权益

法治的要义在于制约公权力、保障私权利。举办者合法权利的保护关系到其参与民办学校办学的积极性和主动性。[①] 需落实和扩大民办学校办学自主权，尤其是维护非营利性民办学校的财产权、决策权和办学自主权[②]，明确新的权利内容和形式，并将之上升为法律规范；合理平衡政府监管与学校自主办学之间的关系，依法落实教育领域的“管办评”分离，依照学校章程规范办学。[③] 需依法保障民办学校学生合法权益，加强政策制度的顶层设计，督促细化措施落实，强化学生的维权观念和权益保障意识，普及权益救济知识。[④] 构建民办教育多元纠纷解决机制，探索建立专门的教育法庭制度，解决公民因受教育权被侵犯而发生的行政案件、民事案件，[⑤] 实现教育纠纷处理的专业化。探索建立非诉讼救济机制和方式，建立民办教育仲裁制度、调解制度、听证制度，完善教职工申诉制度，推动申诉机构实体化、申诉程序

---

① 阙明坤，陈春梅．民办教育新法新政解读及其影响分析 [J]. 教育与职业，2018（5）：5-10.

② 王一涛，徐绪卿，宋斌，等．非营利性民办学校举办者权益的合理保护 [J]. 中国教育学刊，2017（3）：9-13.

③ 刘永林，杨小敏．非营利性民办学校权益保护的基石、核心与关键 [J]. 浙江树人大学学报（人文社会科学版），2018（2）：6-9+25.

④ 尹晓敏．构建民办学校学生合法权益的保障机制 [J]. 浙江树人大学学报（人文社会科学版），2009（1）：10-14.

⑤ 莫纪宏．宪法如何在我们的社会生活中来发挥它应有的社会功能 [R]. 北京：首届中国十大中青年法学家论坛，2005.

合法化，强化申诉与行政诉讼之间的衔接。① 探索建立司法裁判指导制度，总结民办学校破产、清算、财产继承、举办者变更等民办教育纠纷案件司法审判经验，加强民办教育管理实践指导。健全师生参与学校民主管理和民主监督保障机制，完善民办学校监事会制度，进一步协调权利配置、明确监督内容、突出监督程序、完善监督手段、健全激励与约束机制等。

第二节　分类管理政策创新

民办教育分类管理政策是增强民办高校董事会独立性的制度环境中的中观影响因素。本部分将对民办学校分类管理省级政策的综合性、全面性、系统性展开研究，为民办教育分类管理实施过程保障性政策的制定与实施奠定理论基础。

在国家民办教育法治的宏观架构之下，各省级区域面广、点多、利深的民办教育政策对民办高校影响巨大。本部分内容利用质性分析软件，对《国务院三十条》和 29 个省级政府贯彻落实意见所发布的政策文本内容进行研究。通过聚类分析发现，虽然各省级政策相对《国务院三十条》在文本结构上调整显著，但整体内容上相似度较高，举措的创新和突破有限。通过对省级政策文本 870 项编码单词数进行统计，选择复制比较低、创新程度较高的六个条款进行编码解析，重点分析其主要内容的创新与突破，并针对一些省级政策文本创新与突破的主观内生性动力有待激发、一部分内容的关键性有待突出和操作性有待加强的问题，提出了顶层设计与基层创新相结合、优化地方性法规与政策体系，加大扶持与强化规范相结合、及时回应社会关切与诉求，突出重点与强化特色相结合、持续提升立法质量与实效的建议。

---

① 宋宏福.民办高校教师权益保障问题探析[J].当代教育论坛（综合研究），2010（12）：65-67.

一、分类管理省级政策研究概述

新《民促法》《民促法实施条例》(2021年)以及中央层面“1+3”配套新政的发布，在我国民办教育发展史上具有里程碑式的意义，拉开了新时代民办教育分类管理改革的大幕。随后，地方各省级政府相继制定本区域民办教育规范性文件和配套政策，贯彻落实新《民促法》的规定、《民促法实施条例》(2021年)、《国务院三十条》等新政的要求。截至2019年6月30日，共有除新疆维吾尔自治区以外的30个省、自治区、直辖市政府发布了各自的实施意见(以下简称为省级政策文本)。“一分部署、九分落实”，就政策过程的意义上讲，各省级政府制定本区域民办教育规范性文件，是民办教育新法新政落地落细的必要环节，是遵循中央总体要求和基于地方实际的综合性体现，也成为中央政府及相关部门和社会各界观察、了解、监督、评价、研究、助推各地实施新法新政的重要途径。那么，不同省级区域落实《国务院三十条》的政策举措究竟有哪些结合本地教育改革发展实际的创新与突破，还有哪些问题与不足，是否反映了中央政策的预期，又是否为下一阶段省级区域民办教育健康持续发展有所准备，这些都是需要在政策研究和决策服务层面进行回应的现实问题。

近年来，关于省级区域实施民办教育新法新政的情况得到了学术界的密切关注，有一些颇具代表性的相关研究。章露红认为地方民办教育政策创新中宪法秩序赋予的合法性空间是前提和基础，制度非均衡所致的需求空间是原动力所在，“制约不完全”生成的策略空间是地方寻求政策突破的主要途径。因立法层级和法律效力不够产生的合法性危机是地方政策创新需要注意的法律边界问题。[①] 吴霓认为新法新政着力点体现在加强党建、总体设计、分类管理、规范监管、提高质量五个方面，旨在深化管理体制和办学机制改

① 章露红．地方民办教育新政：创新空间、边界与重要议题[J]．教育发展研究，2017(17)：38-45.

革，优化民办教育发展的制度环境。[①]王文源认为民办学校具有体制机制上的创新优势基因和顽强生命力，提出“以法治推动中国民办教育创新发展”。李盛兵从中美比较的视角分析了中国民办教育在新法新政出台后所面临的动力问题、定位问题和水平问题，指出中美民办教育在这三个问题上的差异与差距。[②]邵允振对中国民办教育分类管理中存在的风险进行了细致分析，并提出从完善立法和制度设计的源头实现有效治理。[③]综观现有研究，基本上是从宏观视角聚焦于民办教育优势、困境、制度变革层面，而全面、系统、深度分析地方各省级政府为贯彻落实新《民促法》和《国务院三十条》等而制定的政策文本的研究较少，尤其缺乏关于各省级区域地方性民办教育政策举措的创新与突破以及问题与不足的综合性实证研究。本研究以社会建构性知识观作为基本的方法论前提，依据定性研究中的扎根理论，围绕前文叙述的三个方面的问题，使用质性分析软件 NVivo11 等工具，对全国 29 个省级政府落实《国务院三十条》的政策文本进行截面设计和分析研究，以期在政策层面发现一些问题并提出相应的解决办法，旨在为下一阶段完善各省级区域民办教育实施意见和构建地方性民办教育法规政策体系提供参考，服务新《民促法》的有效实施和国家对民办教育事业改革发展总体要求的贯彻落实，助力民办教育事业健康、优质和可持续发展。

二、分类管理省级政策的研究设计

（一）研究方法

扎根理论主张研究者在研究开始之前通常不做理论假设，而是从研究问

① 吴霓，王帅．新时代民办教育改革发展的制度体系与重点策略［J］．教育研究，2018（6）：105-110.

② 潘懋元，吴华，王文源，等．中国民办教育四十年专题笔谈［J］．华南师范大学学报（社会科学版），2018（6）：18-34+189.

③ 潘懋元，吴华，王文源，等．中国民办教育四十年专题笔谈［J］．华南师范大学学报（社会科学版），2018（6）：18-34+189.

题出发，直接从研究文本中归纳出概念与命题，然后再抽象为理论，也即扎根理论的本质是归纳法，而非演绎法。[①]扎根理论的运用过程一般包括从文本中产生概念，对文本进行逐级登录；不断地对文本和概念进行比较，系统地询问与概念有关的生成性理论问题；发展理论性概念，建立概念与概念之间的联系；理论性抽样，系统地对文本进行编码；建构理论，通过高度整合，力求获得理论概念的密度和变异度。[②]

本研究以扎根理论为指导，使用质性分析软件NVivo11作为研究工具，对政策文本采用逐级编码的方式展开分析。使用NVivo11进行内容编码主要通过创建节点实现。本研究中的节点项目类型包括自由节点和树状节点两类。本研究对原始资料进行直接编码和浏览编码。第一步，开放编码。一是基于对文本内容的仔细研读对文本进行裂解，即将所有文本拆解开来，逐字对照，检视异同。二是将资料归类，明确范畴。三是进行不同类别间的比较。第二步，主轴编码。一是对原始资料进行直接编码，设置一级编码和二级编码。在编码过程中，利用树状节点创建一级编码与二级编码的父子关系，并尽可能覆盖所有文本内容。若某一段内容中含有两个及以上节点内容，则将其分别编码至相应节点下。若某一段内容不在任何节点下，则标记为自由节点。二是进行浏览编码。逐一阅读二级编码内容，将其中属于创新内容的部分设置为三级编码。第三步，选择性编码。在此阶段最重要的工作是将多个相关范畴进行归类整合，找出内在关系，建立概念框架，得出最终结果。

（二）研究对象

以北京市、天津市、河北省、山西省、内蒙古自治区、辽宁省、吉林省、黑龙江省、上海市、江苏省、浙江省、江西省、安徽省、山东省、河南省、湖北省、湖南省、广东省、广西壮族自治区、海南省、重庆市、四川省、贵

① 冯生尧，谢瑶妮．扎根理论：一种新颖的质化研究方法[J].现代教育论丛，2001（6）：51-53.

② 陈向明．扎根理论的思路和方法[J].教育研究与实验，1999（4）：58-63+73.

州省、云南省、西藏自治区、陕西省、甘肃省、青海省和宁夏回族自治区 29 个省级政府出台的落实《国务院三十条》的政策文本为研究对象。需要说明的是，《福建省人民政府关于民办教育分类管理改革的通知》（闽政〔2019〕7 号）在内容和篇幅上与《国务院三十条》差距较大，在形式上也与其他省级政策文本存在较大的差异，不符合 NVivo11 软件分析要求，本研究未将其列为研究对象。此外，截至数据分析完成时（2019 年）笔者尚未搜集到新疆维吾尔自治区政府公开发布的相关文件。

（三）内容编码

本研究对《国务院三十条》和 29 份省级政策文本进行四级编码。第一级编码，将《国务院三十条》中一级标题下的内容和 29 份省级政策文本中与其相对应的内容设置为第一级编码，节点名称取自《国务院三十条》中“总体要求”“加强党对民办学校的领导”“创新体制机制”“完善扶持制度”“加快现代学校制度建设”“提高教育教学质量”“提高管理服务水平”七个一级标题。第二级编码，将《国务院三十条》二级标题下的内容和 29 份省级政策文本中与其相对应的内容设置为第二级编码，节点名称取自《国务院三十条》二级标题（也即《国务院三十条》的条目）。第三级编码，浏览第二级编码内容，将其中 29 份省级政策文本中不重复《国务院三十条》中的内容部分设置为第三级编码，节点名称为“创新”。对节点进行不断筛选与调整后，获取最大范围涵盖所有材料文本内容的七个父节点以及多级子节点。举例来说，“完善扶持制度”（第一级编码），按创新内容程度高低，依次排序分别为“（十八）保障学校师生权益”“（十二）创新财政扶持方式”“（十六）实行分类收费政策”“（十五）实行差别化用地政策”“（十七）保障依法自主办学”“（十一）加大财政投入力度”“（十四）落实税费优惠等激励政策”“（十三）落实同等资助政策”（第二级编码），并对其中不重复《国务院三十条》中条目相应的内容设置为“创新”（第三级编码）。在前述创新内容中，第三级编码以“编码单词数”从高到低排序，汇总得出《国务院三十条》

中每一条创新单词数最多的省级政府及其编码单词数表（见表 5-1）。第四级编码，对排名前六的条目的第三级编码即节点“创新”进行选择性编码，生成第四级编码，节点名称为“主范畴”。

本研究在上述四级编码的基础上，展开对《国务院三十条》和 29 份省级政策文本进行聚类分析和编码解析，并对政策举措的创新与突破进行分析。

三、分类管理省级政策研究的结果分析

（一）省级政策文本与《国务院三十条》之间的聚类分析

1. 文本结构：省级政策文本与《国务院三十条》中等相关且复制比一般

按编码相似性聚类的材料来源可以显示出所有政策文本在结构上的相关性。经聚类分析处理后的情况，29 个省级区域的 Jaccard 系数为 0.42~0.59（0.426471 ≤ Jaccard 系数≤ 0.59375）。总体而言，29 个省级政策文本与《国务院三十条》中等程度相似，也即 29 个省级区域在落实《国务院三十条》的过程中，制定的政策在文本结构上较《国务院三十条》而言总体上做出了不同程度的调整，但普遍看来各省级政策文本的结构与《国务院三十条》仍然有中等程度的结构相似性。在全部 29 个省级区域中，政策文本结构与《国务院三十条》最为相似的是辽宁省，其 Jaccard 系数为 0.59375，而浙江省的政策在文本结构上与《国务院三十条》相似程度则相对最低，其 Jaccard 系数为 0.426471。

2. 文本内容：省级政策文本与《国务院三十条》极强相关且复制比较高

按单词相似性聚类的材料来源可以显示出所有政策文本在内容上的相关性。经聚类分析处理后的情况，29 个省级区域的 Pearson 相关系数为 0.88~0.99（0.88853 ≤ Pearson 相关系数≤ 0.99298）。总体而言，29 个省级区域政策文本内容与《国务院三十条》的相关度极高。也就是说，各省级

政策文本的内容表述上复制《国务院三十条》现象显著。从相关系数来看，天津市的政策在文本内容上与《国务院三十条》的相关度最高，其Pearson相关系数趋近为1，Pearson相关系数排名最低的则是山东省，其值也已趋近0.9。

（二）省级政策文本落实《国务院三十条》主要内容的编码解析

通过对省级政策文本中主要内容的870项编码单词数进行统计，筛选出复制比较低、创新比较高的六个条款及相对应的省级政策文本（见表5-1），继续对六个条款的主要内容进行编码解析。

表5-1　节点的编码

条目	条款	地方	编码单词数
第五条	建立分类管理制度	宁夏回族自治区	1310
第十八条	保障学校师生权益	浙江省	883
第三条	切实加强民办学校党的建设	黑龙江省	645
第二十八条	健全监督管理机制	上海市	639
第十四条	落实税费优惠等激励政策	重庆市	626
第二十五条	引进培育优质教育资源	四川省	592

1.“建立分类管理制度”（第五条）

使用NVivo11软件进行编码可以将省级政策文本中关于《国务院三十条》中“建立分类管理制度”的创新内容归为六个范畴。第一，在实行自主选择方面，特别强调“义务教育阶段不得设立营利性民办学校”；第二，在设立审批方面，西藏自治区的“理顺民办教育审批权限”、青海省的“推进民办学校分类审批登记”、宁夏回族自治区的“实行分级审批制度”，规定更为翔实；第三，在实行分类登记方面，天津市、辽宁省、吉林省、江苏省、湖北省、云南省、宁夏回族自治区明确了分类登记部门和原则；第四，在事项变更方面，湖北省要求“规范学校属性变更”，广东省要求“明确民办学校变更登记类型的办法和工作规程”，重庆市要求“现有民办学校的分立、合并以及学校举办者、名称、层次、类别等重要事项的变更，应当在分立、合并以及变更时完成分类登记”；第五，在注销登记方面，主要是对注销手续有不同的规定；第六，在现有民办学校分类登记方面，对分类有序过渡做出了新的规定，设置了过渡期。其中主要亮点是宁夏回族自治区将“建立分类管理制度”细化为“实行分级审批制度”“实行分类登记制度”“推进平稳过渡”三个方面，并做出了较为具体的规定。

2.“保障学校师生权益”（第十八条）

使用NVivo11软件进行编码可以将省级政策文本中关于《国务院三十条》中“保障学校师生权益”的创新内容归为六个范畴。其中主要亮点是浙江省探索公办与民办学校教师合理流动机制，同时强调要加强公办学校在编教师到民办中小学校任职任教管理。

对于难以归类到主范畴之内的创新内容，经再次编码后发现：北京市、安徽省、广东省、西藏自治区对于民办学校学生同等权利有所扩充，主要包括档案管理、就业指导、社会优待、户口迁移、就业、资助、人身伤害保险等方面；上海市、江苏省、浙江省、山东省、广东省、四川省、西藏自治区、宁夏回族自治区对于民办学校教职工同等权利有所扩充，主要在教龄和工龄计算、社会活动、国际交流、国内外进修、科研立项、专家选拔方面。湖南省提出各地要将民办学校教师培训纳入当地教师培训计划。

3.“切实加强民办学校党的建设”（第三条）

使用NVivo11软件进行编码可以将省级政策文本中关于《国务院三十条》中“切实加强民办学校党的建设”的创新内容归为八个范畴。其中主要亮点是黑龙江省创新性提出将“党组织关系”区分为民办高校党组织关系、民办中小学校党组织关系、民办培训机构党组织关系和有特殊情况的党组织隶属关系四类，实施分类管理；对于“民办学校意识形态工作”内容，提出要建立“意识形态工作责任制”并落实“意识形态工作责任”。

对于难以归类到主范畴之内的创新内容，经再次编码后发现：天津市、吉林省、黑龙江省、上海市、江西省、浙江省、河南省、广东省、广西壮族自治区、四川省、云南省、青海省、宁夏回族自治区 13 个省级政府要求全面加强党的“政治建设”；天津市、吉林省、黑龙江省、上海市、江西省、河南省、广东省、广西壮族自治区、四川省、云南省、青海省 11 个省级政府要求全面加强党的“纪律建设”；吉林省提出要加强“党风廉政建设”；青海省还提出要健全民办学校党组织参与决策和监督制度。

4.“健全监督管理机制”（第二十八条）

使用 NVivo11 软件进行编码可以将省级政策文本中关于《国务院三十条》中“健全监督管理机制”的创新内容归为五个范畴。其中主要亮点是上海市对于健全监督管理机制强调要求“完善年检年报制度”和“加强风险防范”。

对于难以归类到主范畴之内的创新内容，经再次编码后发现：北京市、重庆市提出坚持“谁审批，谁监管”原则，黑龙江省在此基础上增加了“谁主管，谁监管”原则，并强调年度检查的结果通过政府网站向社会公示；辽宁省、贵州省专门提出“健全非学历教育培训机构监管机制”；上海市提出“完善年检年报制度”“加强风险防范”“建立综合监管机制”；江苏省着重“实施监督检查制度”，山西省提出“加强事中事后监管”，河北省与西藏自治区提出“加强教育教学质量评估”，湖南省强调要强化评估结果运用。

5.“落实税费优惠等激励政策”（第十四条）

使用 NVivo11 软件进行编码可以将省级政策文本中关于《国务院三十条》中“落实税费优惠等激励政策”的创新内容归为七个范畴。相比之下，其中主要亮点是重庆市创新提出营利性民办学校依法享受的有关优惠政策，以及民办学校免征印花税、增值税的适用情形。

对于难以归类到主范畴之内的创新内容，经再次编码后发现：重庆市、四川省对符合西部大开发所得税优惠条件的，减按 15% 的税率征收企业所得税；辽宁省着重推广“一站式”办税；河北省、江苏省、宁夏回族自治区规定符合一般纳税人条件的民办培训机构提供非学历教育服务缴纳增值税，可以选择使用简易计税方法征收。

6.“引进培育优质教育资源”（第二十五条）

使用 NVivo11 软件进行编码可以将省级政策文本中关于《国务院三十条》中“引进培育优质教育资源”的创新内容归为四个范畴。其中主要亮点是四川省对引进培育优质教育资源进一步要求“提升民办学校信息化水平”和“支持民办学校开展国际合作与交流”。

对于难以归类到主范畴之内的创新内容，经再次编码后发现：北京市提出“扩大教育交流与合作”；山东省提出“提高教育教学质量”；黑龙江省将行业标准和岗位要求作为职业教育质量评价的重要依据；重庆市提出支持优质特色学校建设，实施“人才强校”战略。

上述六个方面的创新与突破，不同程度地反映了一些“亮点”，中央层面可以在今后民办教育法律法规与政策制定及修订时予以吸收，不同省级区域也可以在下一步的民办教育法规与政策制定及修订中予以借鉴。值得注意的是，从东中西部区域看，各省级区域发展机遇基本大同小异，各谋所需更加符合各地方发展的现实要求，各省级政策文本的创新与突破各有侧重，未反映出明显的区域不平衡问题。例如，在 29 个省级政策文本中 Pearson 相关系数最小（内容创新程度高）的前五个政策文本分别是山东省、江苏省、贵州省、黑龙江省、辽宁省，其中山东省、江苏省和辽宁省为东部地区，黑龙江省为中部地区，贵州省为西部地区。

本研究中反映出的一些创新与突破，在一定程度上回应了实践的诉求，在结果分析中，其他学者的一些研究也印证了这一点。比如章露红认为，贯彻“民促法”新法新政地方配套政策的重点与亮点在于制定非营利性民办学校的收费、分类选择的补偿奖励、现有民办学校分类登记和分类扶持机制；[①] 徐绪卿认为，当前落实《民办教育促进法修正案》的热点问题是过渡期、现有民办学校的补偿奖励、财政扶持民办教育、办学自主权和教师权益保障等问题；[②] 此外，魏聪、林榕、王蕾等认为，辽宁省、安徽省、甘肃省、河北省、浙江省的政策文本聚焦之处在于突出公益属性、强调社会责任，加强党的领导、完善体制机制，进行分类管理、实施差别扶持，加大投入力度、拓宽筹资渠道，肯定民办地位、保障师生权益，[③] 等等。

四、分类管理省级政策文本创新与突破的主要不足

深化教育领域综合改革，促进民办教育健康发展，教育政策的顶层设计极为重要，但省级区域制定更加具体的可操作性强的地方性配套政策举措予以落实更加关键。从以上研究中发现，省级政策文本的问题与不足主要表现为创新与突破的主观内生性动力有待激发、关键性内容有待凸显、内容操作性有待加强，省级政策文本质量和落地实施效果还有待检验。

（一）省级政策文本创新与突破的主观内生性动力有待激发

显然，由于省级政策文本中不少内容是对《国务院三十条》的对应内容的照搬式重复、修饰式重复或组合式重复，对于重复率高于前述六个条款的其他二十四个条款及相对应的省级政策文本难以进行全面且深入的分析。因而，若进行横向和单个文本内容的比较，就 29 个省级政策文本之间的创新与突破看，省际政策文本创新与突破不平衡和单个省级政策文本内容创新与突破不平衡的问题同时存在，与中央层面的要求和民办教育各利益相关者的诉

---

① 章露红．贯彻“民促法”新法新政地方配套政策的重点与亮点 [N]. 人民政协报，2017-07-12.

② 徐绪卿．关于贯彻落实《民办教育促进法修正案》五大热点问题的思考 [J]. 浙江树人大学学报（人文社会科学版），2017（6）：1-6.

③ 魏聪，林榕，王蕾，等．新政背景下民办教育改革的焦点、亮点及难点 [J]. 高等理科教育，2018(4): 39-47+68.

求存在一定差距，存在创新面不广和探索性不足的问题。在民办学校存量大且增长快、发展空间大但挑战多的情势下，文本创新与突破内容的覆盖面窄的问题更加凸显，亟须激发省级政策文本创新与突破的主观内生性动力。从各省级政策文本发布的时间上来看，最早发布（2017 年 9 月 30 日辽宁省政策文本）与最晚发布（2019 年 1 月 22 日湖南省政策文本）之间跨度超过了 16 个月，最晚的政策文本出台时间甚至离中央文件出台超过了两年时间。教育部办公厅 2018 年 5 月 22 日发布的《关于民办教育分类管理改革地方配套文件制定工作进展情况的通报》（教发厅函〔2018〕79 号）指出，截至 2018 年 5 月仅有 16 个省级区域发布了落实《国务院三十条》的省级政策文本，一些省级区域推进工作进展缓慢，配套文件仍未出台，一些文件操作性不强，一些省份工作力量薄弱等，这直接反映了一些省级政策文本在创新与突破上存在主观内生性动力不足的问题。

（二）省级政策文本创新与突破的一些关键性内容有待凸显

在编码单词数中，青海省关于“建立差别化政策体系”（第六条）的编码单词数仅为 58，名列倒数第一；紧随其后的是云南省关于“发挥行业组织作用”（第二十九条）的编码单词数为 104，湖南省关于“改进政府管理方式”（第二十七条）的编码单词数为 118，云南省关于“切实加强宣传引导”（第三十条）的编码单词数为 138，贵州省关于“落实同等资助政策”（第十三条）的编码单词数为 138，北京市关于“明确学校办学定位”（第二十三条）的编码单词数为 205，前述省级政策文本的部分内容一定程度上是在重复《国务院三十条》的相关内容。这些具有代表性的省级政策文本的相似度高的内容，除了一些纲领性、原则性，在客观上确实难以具体化的内容，比如“切实加强宣传引导”“明确学校办学定位”之外，不乏一些民办教育利益相关者关注高的内容，比如“建立差别化政策体系”“落实同等资助政策”，直接反映了省级政策文本落实《国务院三十条》关键内容的力度不够、效果有限。此外，实践中的一些利益相关者也认为，涉及财务清算、税收的优惠及标准、对存量学校的奖励和补偿政策等关键问题，紧密贴合省级区域实际的突破性大、操作性强的举措仍然缺失。省级政策文本创新与突破内容的重点不够突出，原因不仅在于中央不同部门和不同省级区域实施新《民促法》及其配套政策进度不一、政府扶持力度有别、举办者法律地位未落实等，以至于难以做到具体问题具体分析，且在借鉴域外和兄弟省级区域有益经验上存在不足，在政策制定的速度和创新落实的力度，以及在发挥政策的导向与指引作用上，与中央层面和社会各界对民办教育的关切与诉求存在一定的差距。

（三）省级政策文本创新与突破的一些内容操作性有待加强

在编码单词数和编码解析中，省级政策文本中创新与突破内容明显的主要有宁夏回族自治区关于“建立分类管理制度”（第五条）、浙江省关于“保障学校师生权益”（第十八条）、黑龙江省关于“切实加强民办学校党的建设”（第三条）、上海市关于“健全监督管理机制”（第二十八条）、重庆市关于“落实税费优惠等激励政策”（第十四条）、四川省关于“引进培育优质教育资源”（第二十五条）。尽管新增加了一些配套支持性政策，诸如土地、教师、财政投入等创新内容，但是新增加的内容本身可操作性不强，语义含糊，也不“解渴”，更难以落实。比如，在“保障学校师生权益”中，一些省级政策文本在许多方面规定民办学校与公办学校师生“享受同等权利”，这一规定仍然停留在“同等”的层面，缺乏具体的保障措施，仅仅是重复上位法的规定而已。而对于学校如何分类过渡、财务清算方式和范围、税费的种类和标准以及补偿与奖励等，更显得有些模棱两可、难以把握。还有一些虽然提出了新的原则，却还需要具有可操作性、可行性和时效性的配套规定才可见效。省级政策文本创新与突破内容操作性不强，一定程度上可以归因为有些省级政府贪大求全，缺乏创新能动性和创造性，忽略了基层创新实践特色，导致创新落实的力度、创新内容的广度不够，未能结合本区域的实际需要深入思考国家层面法规与政策未虑及之处，从而表现出与《国务院三十条》政策条文相似的现象普遍。

五、分类管理省级政策创新与突破的主要建议

分类管理框架下民办教育新法新政正在稳步实施，我国民办教育的改革与发展迎来一个新的机遇期。如何有效发挥省级政府的统筹权，弥合国家分类管理顶层设计与推动地方落实之间的差距，架起宏观上民办教育发展的总体要求、目标任务和改革方向与微观上民办教育关键领域、薄弱环节和操作层面的具体措施之间的桥梁，是地方政策实施中的重大现实问题。[①] 如果教育政策体系不够完善，缺乏切实有效的实施、评估、检视、调整、废止的逻辑链条，而且缺少由上到下直抵地方教育实际的细化和突破性与可操作性举措，政策的制定流于形式，则会导致办学主体、基层教育工作者和民众因改革积极效果感受度和获得感不高而失去对教育政策的信任、理解和支持，甚至失去对教育改革的信心。基于此，本书提出如下三个方面的建议。

（一）顶层设计与基层创新相结合，优化地方法规与政策体系

从落实国家层面新法新政的情况看，各省级政策文本与民办教育各利益相关者的期盼，与中央的要求尚有一定的差距，今后尚需建构地方不同层级和内容的法规与政策体系，进一步加大创新落实的力度，以及持续增强法规与政策文本内容的操作性和针对性。顶层设计就是突出改革的系统性、整体性、协同性，同时坚持实践第一的思想，把以往的成功经验上升到全局的高度，实现地方特别是基层创新实践与国家层面政策的互动。具体而言，各省级政府应在新《民促法》《民促法实施条例》（2021 年）《国务院三十条》以及分类登记、办学监管、校外培训、学前教育等法律法规与政策指引下，学习借鉴域外和兄弟省级区域的有益经验，加快制定或修订省级区域民办教育地方性法规，完善分类登记、扶持、筹资、师生权益保障、监管的规范性文件，统筹省级区域范围内各市县区域民办教育法规及其他规范性文件的制定

① 刘永林，周海涛．统筹破解民办高校用地用房的制度性瓶颈[J]．复旦教育论坛，2019（2）：27-32+39.

或修订，创新性落实国家层面的分类管理顶层设计，进一步优化形成本省级区域地方性法规、规章和其他规范性文件层级效力分明、内容衔接有序的民办教育法规与政策体系。

（二）加大扶持与强化规范相结合，全面回应社会关切与诉求

目前，在推进民办学校分类管理的过程中，出现了营利性民办学校与非营利性学校相互转换后的债权债务关系衔接，非营利性民办学校事业法人身份确定问题，[①] 以及非营利性学校转为营利性民办学校所要面临的财产清算、资产转移中的税费问题，营利性民办学校运行过程中的税费问题，营利性民办学校的土地供给问题，对于营利或非营利的选择可否悔选，[②] 转后税收优惠政策、补偿和奖励等一系列问题。这些问题实质上反映的是各地落实民办教育新法新政的进度、政府扶持的力度、举办者合法权益保护的广度问题，而所带来的影响就是让一些民办学校产生了“分类管理改革支持不够、规范有余”的印象。[③] 因此，亟须加快民办教育新法新政的实施，通过法规与政策的制定、修改、解释和清理等途径，凸显支持和规范民办教育发展的政策预期，让举办者、民办学校以及相关权利主体吃下“定心丸”，从准入、监管到治理，从禁止、支持到规范，需要以更高的智慧、更大的力度、更快的速度，制定合理化、效率化、差异化的管理制度，让法律法规和政策变为操作性强的办事指引，[④] 通过具体问题具体分析、分类施策的方式推动新法新政的落实，全面回应社会对民办教育的关切与诉求。

（三）突出重点与强化特色相结合，持续提升立法质量与实效

一直以来，地方各级政府及其教育主管部门在落实新《民促法》及其配

① 李虔，卢威．民办学校分类管理十大未决问题探析[J]. 中国教育学刊，2018（8）：5-12.

② 徐绪卿．贯彻落实《民办教育促进法》新法的若干思考[J]. 复旦教育论坛，2017（2）：29-33.

③ 周海涛，闫丽雯．支持和规范社会力量兴办教育的新作为[J]. 教育与经济，2019（1）：3-6+15.

④ 唐诗蕊，魏志春．供给侧改革背景下民办教育分类管理政策困境与路径[J]. 现代教育管理，2018（4）：37-42.

套新政中发挥着关键作用。[①]新时期，民办教育地方性法规与政策的制定，应当力戒贪大求全、面面俱到的功利性观念，杜绝照抄照搬上一级法规与政策条文的现象。具体而言，一方面，要遵循同法律法规、上级政策相统一的原则，按照上一级规范性文件的精神，结合本区域的实际需要，聚焦所要解决的基本问题和主要矛盾制定规范性文件。可以对上位法尚未规定的空白地带进行合理填充，或者是对上位法已经初步规定的事项进行进一步细化，使其更加具有可操作性、更加契合地方实际情况。[②]另一方面，要在"拾遗补缺"上下功夫，从必要性出发，而不一味追求内容的完整配套和章节条款一应俱全，坚决消除"自制条文不够、上位法来凑"的心理，找到符合本地实际、有特色、能解决问题的内容，对所要规范的事项尽可能做出具体明确的规定，从必要性出发。[③]通过对上位法的细化与发展，增强地方立法的精细程度，凸显地方立法的因地制宜，据以提升地方立法的可执行性。[④]地方法规与政策制定应根据本地区的实践进行有特色的规定，其功能主要是在国家层面法规与政策未虑及之处为地方实践提供具体的法律与政策依据，而非仅仅成为上位规范性文件的实施细则。此外，还应当允许并鼓励地方更多地进行独立型创制，激发地方立法的能动性和创造性。[⑤]

---

① 吴华．我国民办教育发展的地方政策主导模式分析[J]．教育发展研究，2009（8）：11.

② 李明耀，王如彬．新《立法法》实施背景下地方立法存在的问题及建议[J]．地方立法研究，2017（3）：44-55.

③ 王邺．地方立法要力戒照搬上位法[J]．人大研究，2003（12）：34.

④ 李明耀，王如彬．新《立法法》实施背景下地方立法存在的问题及建议[J]．地方立法研究，2017（3）：44-55.

⑤ 俞祺．重复、细化还是创制：中国地方立法与上位法关系考察[J]．政治与法律，2017（9）：70-85.

第三节　过渡阶段制度创新

民办高校分类管理过渡阶段的制度设计是增强民办高校董事会独立性的外部环境中的微观影响因素。本部分选择以补偿与奖励制度为例，系统介绍民办高校分类管理过程中，影响选择登记为非营利性民办高校的重要因素、选择登记为非营利性民办学校的补偿与奖励的政策，并提出相关的制度设计。在国家民办教育法治的宏观架构、分类管理地方政策的中观支撑之下，补偿奖励制度设计直接关涉分类管理政策实施过程中的举办者“营非”选择登记取向，也是新《民促法》颁布实施之后，分类管理过渡阶段以及非营利性民办高校退出机制中的重要内容，对于非营利性民办高校内部治理，尤其是举办者参与决策的董事会的独立性有着重要影响。作为行政补偿与行政奖励的一个具体类型，民办学校选择登记中的补偿与奖励，目前还缺乏具体、系统的理论研究。实践中选择登记为非营利性民办高校的，其补偿与奖励范围、核算方法、程序、争议解决途径等也缺乏相应的法律法规作为依据。通过对各省级政府补偿与奖励规定的比较分析，尝试在新《民促法》原则性规定的基础上，以行政补偿与奖励制度为设计依据，提出切实保护出资人合法权益、范围合理、程序规范、救济机制完善、核算方法可行的基本思路，全面深化我国民办高校选择登记中补偿与奖励制度设计，助力推进现有民办高校选择登记实施进程。

一、补偿奖励制度研究概述

新《民促法》明确了对修法决定公布前设立的民办学校选择登记为非营利性民办学校的，在终止办学时，符合条件的可以申请获得补偿或奖励。随后《国务院三十条》在政策层面重申了这一规定。以上政策对现有民办学校选择登记为非营利性民办学校的补偿与奖励做出了原则性规定，为各省级政府制定和实施本区域相关补偿与奖励办法提供了法律依据和方向指引。然而，目前大多数省级政府还未颁布关于选择登记为非营利性民办学校补偿与奖励的具体规定，一些已颁布相关补偿与奖励规定的省级政策文本中，在补偿与奖励的过渡期限、范围、综合考虑因素、具体核算等方面呈现出较大差异，且均未涉及补偿与奖励实施过程中争议如何解决的问题。随着一些省域现有民办高校选择登记过渡期限的临近，亟须中央和地方两个层面对选择登记为非营利性民办高校的补偿与奖励做出进一步的制度设计。

当前，学者对选择登记为非营利性民办学校的补偿与奖励问题已有一些研究。徐绪卿认为，补偿和奖励是激发现有民办学校举办者办学积极性的主要方面，鼓励民办学校选择非营利性办学。对于选择非营利性并继续办学的民办学校，各地应着重从办学层次、资产规模和原始投入等方面加以考虑，根据实际情况采取不同的奖励政策，对补偿与奖励的范围条件、资金来源以及测算方案等方面存在的问题还需要继续探索。① 章露红认为，亟须制定现有民办学校分类选择的补偿与奖励办法，各地需明确补偿与奖励的对象和资格、清产核资的时间和费用、补偿与奖励的标准和测算方法、补偿与奖励的获取方式和期限等一系列问题。② 李虔、卢威认为，应及时制定非营利性民办学校举办者奖励或补偿办法，将举办者前期投入计入办学成本，最大限度平衡改革目标和举办者的既有利益。③ 魏聪、林榕、王蕾等认为，在补偿与奖励的方式和额度方面还需慎重思考，探索出一个既能维持社会力量兴办教

① 徐绪卿.关于贯彻落实《民办教育促进法修正案》五大热点问题的思考[J].浙江树人大学学报(人文社会科学版)，2017(6)：1-6.

② 章露红.贯彻“民促法”新法新政地方配套政策的重点与亮点[N].人民政协报，2017-07-12(10).

③ 李虔，卢威.民办学校分类管理十大未决问题探析[J].中国教育学刊，2018(8)：5-12.

育的热情，又不对政府财政造成巨大压力的恰到好处的标准。[①] 李虔认为，现如今有关举办者办学回报和剩余财产分配的问题以及对非营利性民办学校扶持和监管等方面的问题一直未得到合理的解答，并提出在新政推进过程中，应着重对选择非营利性民办学校举办者的补偿与奖励方案进行细化。[②]

总体上，学者们认为补偿与奖励是促进出资者选择非营利性办学的主要动力，但仍需明确补偿及奖励的范围条件、资金来源、计算方法与额度等问题，进一步完善相关补偿与奖励制度，细化具体操作方案。在实践中，中央及各省级政策文件中存在的上述补偿与奖励规定模糊的问题给出资者的选择登记造成了一定的困惑，各省级政府在明确有权补偿与奖励的主体、计算方法和具体程序等方面的政策存在较大的偏差，且实效性也有待进一步的考证，一定程度上阻滞了选择登记为非营利性民办学校的补偿与奖励工作的整体推进，直接影响选择非营利办学政策的落实，并可能最终影响分类实效。本书以行政补偿与行政奖励理论为基础，建议从原则、范围、程序、救济措施、具体计算方法等方面入手，进一步细化完善补偿与奖励制度，助力民办教育分类管理实施中各相关利益主体的困惑澄清、困难解决、困境突围。

二、选择登记为非营利性民办学校的补偿与奖励的性质及基本内涵

选择登记为非营利性民办学校的补偿与奖励，作为行政补偿与行政奖励中的一个具体类型，学界尚无全面、系统、具体的理论研究。

（一）选择登记中的行政补偿

目前，我国行政法学界对行政补偿的概念并无统一的界定。笔者认为，

① 魏聪，林榕，王蕾，等．新政背景下民办教育改革的焦点、亮点及难点[J]．高等理科教育，2018(4)：39-47+68.

② 李虔．民办学校分类管理推进难点与破解路径[J]．四川师范大学学报（社会科学版），2019(2)：125-132.

行政补偿是指行政主体基于社会公共利益的需要，在依法行使权力、履行职责的过程中，因其合法的行政行为致使行政相对人的合法财产及其权益遭受到特别损失，国家基于公正原则，依照正当程序给予行政相对人损失补偿的法律制度。在理论层面，学者们很早就基于国家为何对合法行政行为依法承担补偿责任的问题进行过长期的理论探索，并形成了特别牺牲理论和公共负担理论等。其中，特别牺牲理论认为公民为社会公共利益所做出的个人牺牲，国家应当依法给予公正补偿，切实保护行政相对人的合法权益，平衡公共利益与私人利益间的冲突。公平负担理论则指出政府的活动是基于公共利益而实施的，因此社会成员在享受公共利益的同时理应平等分担相应的社会成本，两种理论都蕴含着平等保护权利的法治精要。[①] 在制度层面，《中华人民共和国宪法》第十三条为行政补偿提供了宪法依据；《中华人民共和国国防法》第五十五条[②]、《中华人民共和国水法》第三十五条[③]以及《国有土地上房屋征收与补偿条例》[④]就相关方面的行政补偿做出了具体规定。

在民办教育分类管理新法新政实施背景下，新《民促法》和《国务院三十条》对现有民办学校选择登记为非营利性民办学校做出了原则性规定，明确了根据出资者原有出资情况和合理回报情况，结合投资理财、社会公益等因素的实际考量，依据合法指标、程序对选择登记后终止的民办学校的出资者进行资金补偿。按照行政补偿的性质，国家应当依法明确民办学校出资者为行政相对人，依据其选择分类登记后原有出资及合理回报遭受的损失情况，公平公正地给予其相应补偿，其实质就是国家为保障出资者合法财产权，

① 翟红娥．关于行政补偿相关问题的思考[J]．政法论丛，2007（4）：43-47.

② 《中华人民共和国国防法》第五十五条规定：公民和组织因国防建设和军事活动在经济上受到直接损失的，可以依照国家有关规定取得补偿。

③ 《中华人民共和国水法》第三十五条规定：从事工程建设，占用农业灌溉水源、灌排工程设施，或者对原有灌溉用水、供水水源有不利影响的，建设单位应当采取相应的补救措施；造成损失的，依法给予补偿。

④ 《国有土地上房屋征收与补偿条例》第三章“补偿”，就国有土地上房屋被征收后的补偿事项进行了具体规定。

对其因终止办学而受到的损失给予合理补偿。

（二）选择登记中的行政奖励

行政奖励是指行政主体基于表彰先进、激励后进的社会需要，依法依规对为国家、社会和公民做出重要贡献或模范遵纪守法的行政相对人，给予物质、精神奖励或其他权益的具体行政行为。在理论层面，学界对行政奖励制度的研究有限，仅涉及行政奖励需要遵循精神与物质相结合的原则，以及学者基于案例研究所得出的结论。例如，一些学者在研究各地方政府颁布的奖励办法实施情况时，提出的“行政奖励的依法行政理论、正当程序理论、奖励额度的比例原则理论以及权利救济理论”①。在研究“华南虎照”行政奖励重大失误案件时，黎慈认为“行政奖励必须受到法律的规范和制约，实现行政奖励的法治化”②。在制度层面，除科技奖励等外，法律法规对奖励的具体规定较少，但也有一些原则性规定，例如，《中华人民共和国土地管理法》第七条规定：“在保护和开发土地资源、合理利用土地以及进行有关的科学研究等方面成绩显著的单位和个人，由人民政府给予奖励。”

分类管理政策实施过程中，现有民办学校选择登记中的行政奖励是指为了鼓励健康规范办学、长期稳定办学，基于新《民促法》及《国务院三十条》规定的分类管理之后的办学效益情况，依法根据相应指标和程序对申请奖励的行政相对人给予的资金奖励。按照行政奖励的性质，有权行政主体应当基于鼓励规范且稳定办学，对经授权的民办学校在分类管理之后的办学效益情况达到相应标准的出资者给予额度适当的物质奖励。在选择登记中，奖励的授予必须以行政相对人的申请为前提，并且仅限于物质奖励这一种奖励形式。

① 赵斌．行政奖励法治的规制缺失与完善路径——基于两个案例的思考 [J]. 铁道警官高等专科学校学报，2010（4）：65-68.

② 黎慈．从“华南虎照”案看行政奖励的程序规制 [J]. 四川行政学院学报，2009（1）：37-40.

三、选择登记为非营利性民办学校的补偿与奖励的政策现状

现有民办学校的选择登记，在已颁布的省级政策文本中，对过渡期限、补偿与奖励的范围和条件、考虑因素、核算方法、程序和资金来源等方面，不同程度地做了一些创新性探索，为中央与地方之间，各省级区域的政策互动奠定了坚实基础。

（一）过渡期限

过渡期限是现有民办学校选择登记必须遵守的时限。新《民促法》和《国务院三十条》就过渡期限做出规定，即从新《民促法》修法决定审议通过并颁布时起，或新《民促法》正式实施时起，到现有民办学校完成分类登记为止的时间段，为现有民办学校的过渡期限。省级政府落实新《民促法》和《国务院三十条》相关规定，相继颁布本省域的民办教育新政，对过渡时间节点和过渡期限做出规定。

总的来看，不同省级政府对过渡期长短的设置及过渡时间节点有不同的要求，各省域的相关情况如下：四川省等 5 个省域倾向于将过渡期限设置为 5 年以上；上海市等 7 个省域倾向于将过渡期限设置为 5 年以下；河北省等 14 个省域将过渡期限设置为 5 年整；青海省等省域暂时未做出相关过渡期限的设置。值得注意的是，各省域在过渡期设置的起始点上存在 2016 年 11 月 7 日和 2017 年 9 月 1 日两种情形，以至于一些省域即便过渡期限长短设置相同，由于过渡期限起始点设置的不同，过渡期限也可能实际上存在近一年时间的差异。具体情况如表 5-2 所示：

表 5-2　省级政策文本过渡时间节点、过渡期限设置情况

<table>
<tr><th rowspan="2">类型</th><th rowspan="2" colspan="2">过渡期限</th><th rowspan="2">省、自治区、直辖市</th><th colspan="3">过渡时间节点
（省、自治区、直辖市）</th></tr>
<tr><th>2016 年 11 月 7 日</th><th>2017 年 9 月 1 日</th><th>未设置</th></tr>
<tr><td rowspan="3">1</td><td rowspan="3">5 年以上</td><td>3～6 年</td><td>四川省</td><td>四川省、浙江省、宁夏回族自治区</td><td>内蒙古自治区、海南省</td><td>无</td></tr>
<tr><td>6 年</td><td>内蒙古自治区、浙江省、宁夏回族自治区</td><td rowspan="2">四川省、浙江省、宁夏回族自治区</td><td rowspan="2">内蒙古自治区、海南省</td><td rowspan="2">无</td></tr>
<tr><td>5～7 年</td><td>海南省（节点前设立的期限为 5 年、延期后期限为 7 年，节点后包含节点时间设立的不存在过渡期限）</td></tr>
<tr><td>2</td><td colspan="2">5 年</td><td>河北省、山西省、吉林省、黑龙江省、江西省、安徽省、山东省、河南省、湖南省、陕西省、甘肃省、江苏省（延期后为 5 年）、福建省、广西壮族自治区（节点前设立的期限为 5 年，节点后包含节点时间设立的不存在过渡期限）</td><td>河北省、湖南省、山西省、吉林省、黑龙江省、甘肃省</td><td>江苏省、福建省、江西省、山东省、广西壮族自治区、陕西省</td><td>安徽省、河南省</td></tr>
</table>

续表

<table>
<tr><th rowspan="2">类型</th><th rowspan="2" colspan="2">过渡期限</th><th rowspan="2">省、自治区、直辖市</th><th colspan="3">过渡时间节点
（省、自治区、直辖市）</th></tr>
<tr><th>2016年11月7日</th><th>2017年9月1日</th><th>未设置</th></tr>
<tr><td rowspan="4">3</td><td rowspan="4">5年以下</td><td>2～5年</td><td>上海市</td><td rowspan="4">上海市、湖北省、重庆市</td><td rowspan="4">天津市、云南省</td><td rowspan="4">北京市、西藏自治区</td></tr>
<tr><td>4年</td><td>重庆市、云南省</td></tr>
<tr><td>3年</td><td>天津市、西藏自治区</td></tr>
<tr><td>1～3年</td><td>北京市、湖北省</td></tr>
<tr><td>4</td><td colspan="2">未设置</td><td>辽宁省、广东省、贵州省、青海省</td><td>辽宁省、贵州省</td><td>广东省</td><td>青海省</td></tr>
</table>

（二）范围与条件

新《民促法》和《国务院三十条》明确了选择登记中补偿与奖励的一般范围与条件，即现有民办学校（2016年11月7日前设立）进行选择登记终止时，或者未及选择直接终止，在妥善安置学生、教职工并规范开展相关工作之后，其财产依法清偿后仍有剩余的情况，依法审查其原有出资情况和取得合理回报情况，进行相应补偿，奖励还需审查法律规定的民办学校分类登记之后的办学效益情况。

当前，各省级政策文本并未区别设置补偿与奖励的范围条件。大部分省级政策文本并未设置奖励的前提条件，而仅做概括性规定。实践中，上海市、云南省的政策文本中规定了补偿与奖励的具体核算方法，明确区分了补偿与奖励作为两个不同的环节，并适用不同的条件。也有北京市、江苏省、湖北省、重庆市、陕西省等少数几个省级区域对补偿或奖励的条件有简单的规定，但较之上海市、云南省，尚缺乏具体详细的内容。

（三）考虑因素

基于新《民促法》及《国务院三十条》的原则性规定，补偿与奖励的考虑因素大致如下。在补偿方面，一方面是综合考虑因素，即包括新《民促法》修改决定施行前（2017 年 9 月 1 日）的出资、取得合理回报情况等因素；另一方面是资金来源，经法律规定授权的组织依法清偿后的剩余财产。在奖励方面，一方面是综合考虑因素，即分类管理后民办学校办学效益等因素；另一方面是资金来源，由法律规定授权的组织依法清偿后的剩余财产为准。

一些省级政策文本依据本区域实际情况，对补偿与奖励的原则性规定做了细化或补充。在综合考虑因素方面，重庆市特别对奖励的综合考虑情况做出单独的规定，指出若补偿后仍有结余净资产，可以在该资产额度内按照资产种类、不同的时间段和终止的情形等情况综合考虑实施奖励。在资金来源方面，江西省、湖北省、重庆市、云南省和陕西省等少数省级政策文本对补偿与奖励领域做出了明确的区分，规定了出资者可从剩余财产中获得一定数额的补偿，还有剩余的，再从中抽取一定比例的资金作为出资者的奖励资金。尤为值得一提的是，有几个省级的政策做出了突破性的规定，比如，江苏省分别设置了补偿与奖励的资金来源，明确补偿金来源于民办学校法律规定的剩余净资产，奖励资金来源于民办教育专项资金和学校剩余净资产。上海市、四川省在内容上做出了更详细的规定，针对补偿与奖励货币资金不足问题，提出可从其他资产依法转让后获得的货币资金中提取补充资金。关于不予补偿和奖励的考虑因素，上海市、云南省专门规定对办学许可证或登记证被吊销或注销前 2 年年度检查连续不合格的民办学校的出资者不予补偿和奖励。

（四）核算方法

新《民促法》及《国务院三十条》中并未设定具体的选择登记的补偿核

算方法，一些省级政府创新性地做出了规定，指出补偿的金额等于出资的总体金额加上其历年折算利息的总和，并在此总和的基础上除去出资者历年取得的合理回报与其相应的历年折算利息后的金额，但补偿的金额不得超过剩余财产扣除财政扶持和社会捐赠形成资产后的金额。比如，上海市、云南省和天津市提出了补偿核算的公式。上海市与云南省的补偿核算方法，用公式描述即为：

联补偿金额 =（出资金额 + 出资金额的折算利息）-（合理回报 + 合理回报的折算利息）

其中，“补偿金额”≤（“剩余财产”—“财政奖补资金和社会捐赠所形成的资产”）。并且就折算利息这一要素做出详细解释，规定了明确的计算方式。

天津市补偿或者奖励计算的时间节点为 2017 年 8 月 31 日，制定的补偿核算公式为：

$$\text{补偿金额} = \text{该日法人财产净资产数额} \times \frac{\text{该日之前该出资者出资额}}{\text{该日之前（所有出资者出资总额 + 捐资额）}}$$

在选择登记奖励的具体核算方法上，也有一些创新性的具体措施。比如，云南省设定奖励的金额为法律规定民办学校停止办学或办学许可失效的前 5 年内的最高年度学费收入的总金额，并以 2017 年 9 月 1 日之后的历年年度检查结果为调节系数予以折算，奖励金额最高不超过清偿后的剩余财产扣除财政扶持和社会捐赠形成的资产以及补偿后的金额。另有，云南省、上海市、天津市提出了奖励核算的公式，以云南省的奖励核算方法最为详细，用公式描述即为：

奖励金额 = 年度学费总收入 ×（0.15× 优秀次数 +0.1× 合格次数 -0.5× 不合格次数）

其中，“奖励金额”≤（“剩余财产”—“财政奖补资金和社会捐赠所形成的资产”—“补偿金额”）。并且在政策文本中对调节系数进行了较为详细的说明。上海市制定的奖励核算方法与云南省相似，但缺少对各校年度检查优秀部分的核算。

天津市以 2017 年 8 月 31 日为补偿或者奖励计算的时间节点，制定的奖励核算公式为：

$$\text{奖励金额} = \text{该日法人财产净资产数额} \times \frac{\text{该日之前该出资者出资额}}{\text{该日之前（所有出资者出资总额} + \text{捐资额）}}$$

上述三个省级区域对奖励金额的核算方法做出了较为详细的规定。此外，《湖北省人民政府关于鼓励社会力量兴办教育促进民办教育健康发展的实施意见》提出“可视情况给予举办者学校净资产（扣除国有资产、捐赠、土地房产增值部分）15% 的奖励”，北京市、江苏省的政策文本也对奖励的核算数额进行了相关限制。

（五）程序

新《民促法》中明确补偿与奖励程序主要有三个步骤，一是出资人申请，二是有关部门按规定清算补偿与奖励资金核算，三是批准发放。实践中，大部分地区依此程序进行设定，但河北省、内蒙古自治区、浙江省、山东省、湖北省、贵州省、甘肃省等区域的省级政策文本未明确“根据出资者的申请”这一环节。此外，大部分省级政策文本在设置相关程序时未能对补偿与奖励进行区分和分别设置相应的程序。但也有少数省级政策文本中设置了补偿与奖励的个别步骤与环节。如《江苏省人民政府关于鼓励社会力量兴办教育促进民办教育健康发展的实施意见》单独对奖励程序进行了相应规定：可采取“一次结算、分期奖励的形式，从民办教育专项资金和民办学校剩余净资产中给予出资者一定奖励”。还有一些省级政策文本对补偿与奖励程序的其他方面制定了自己独特的规则，如天津市提出“教育类基金按照《基金会管理条例》相关规定，协助政府处置终止办学的民办学校的剩余资产”；北京市、重庆市提出在综合考虑出资等因素后，先由学校决策机构做出决议，再报审批机关同意。

（六）资金来源

选择登记中补偿与奖励的资金一般来源于法律规定的民办学校终止时经依法清算后的结余资金。从《民促法》第三十六条“民办学校对举办者投入民办学校的资产、国有资产、受赠的财产以及办学积累，享有法人财产权”的规定中，可以推断出该结余资金应当包括行政相对人投入民办学校的资产、国有资产、受赠的财产以及办学积累这四方面资产。值得注意的是，新《民促法》修改之前民办学校作为民办非企业单位（无论是否要求合理回报）、事业单位等组织的法律性质决定了民办学校“剩余财产”的性质并非私有，而是社会所有，并由政府依法支配或监管，与典型的行政补偿与奖励资金来源在支配程序上无实质性区别。实践中，有一些省级政策文本规定更加具体。比如北京市、内蒙古自治区、山东省、上海市及云南省明确了用于补偿与奖励的民办学校结余资金为扣除财政投入和社会捐赠后的结余净资产；上海市特别规定，对于用于补偿与奖励的学校结余资金不足的，从其他资产依法转让后获得的货币资金中提取。

四、选择登记为非营利性民办学校的补偿与奖励政策的问题与不足

当前，选择登记中的补偿与奖励政策中，不同省级政策文本设置的过渡期限差异较大，补偿与奖励之间界限不清，补偿与奖励既存在共性的一般问题，各自也存在一些具体问题，对选择登记中补偿与奖励的实施造成巨大的困惑。

（一）选择登记中补偿与奖励政策的一般问题

在投资办学型民办学校盛行的背景下，办学回报和剩余财产权的归属问题成为我国分类管理改革需要回应的首要问题，更是民办学校分类管理能否

顺利推进的关键因素。[①] 实践中，选择登记中的补偿与奖励政策存在的一些问题，已成为制约分类管理政策整体推进的主要因素之一，以下几个问题尤其值得关注。

第一，过渡期限起点不明确，过渡期限差异大。各省级政策文本设置的过渡时间的起始节点存在较大差异，一部分省级政策文本明确的过渡时间的起始节点为新《民促法》审议通过的时间，即 2016 年 11 月 7 日；另一部分省级政策文本明确的过渡时间的起始节点则为《民促法》的施行时间，即 2017 年 9 月 1 日。这说明，一是各省级区域对于新《民促法》和《国务院三十条》相关规定的理解存在着偏差；二是各省级区域根据其不同地方情况、特点做出了不同选择；三是根据一些省级区域并未制定明确的过渡时间节点来看，部分地方对于过渡时间节点的设置尚未做出抉择。当然，新《民促法》及《国务院三十条》中并未设置明确的过渡期限，而是将设置权限下放给各省级政府，这的确给各地区因地制宜地探索更优的过渡期限带来了契机。但是有些省级政府设置的过渡期限长达 6~7 年，导致在这段较长的“政治空窗期”内，[②] 政府难以有效地管理民办学校；另有些省级政府设置的过渡期限又过短，仅为 1~2 年，易导致现有民办学校在进行营非选择时太过匆忙而无法深思熟虑地做出理性决定。各省级区域如何设定合理的过渡期限，以及在已设定的过渡期内如何推进现有民办学校的选择登记显得极为重要。

第二，补偿与奖励的范围与条件不明确。目前，国家和省级政府层面均未明确对 2016 年 11 月 7 日到 2017 年 9 月 1 日间举办的民办学校，是否该进行补偿与奖励。此外，当前已经出台的省级政策文本都明确获得补偿与奖励的条件之一，即是民办学校的办学终止。可是补偿与奖励的获取条件是否必须要终止办学？如果在学校运行期间，以不影响学校的资金稳定为前提，提

---

① 李虔. 民办学校分类管理推进难点与破解路径[J]. 四川师范大学学报（社会科学版），2019（2）：125-132.

② 徐绪卿. 关于贯彻落实《民办教育促进法修正案》五大热点问题的思考[J]. 浙江树人大学学报（人文社会科学版），2017（6）：1-6.

前获得补偿与奖励的情形又是否可行？显然，这些问题已经超出了现有政策制定者的本意，但又确实需要未来政策进一步明确，也亟待基层的实践创新提供经验借鉴。

第三，综合考虑时间节点的设定偏差可能引发对补偿与奖励公平性的质疑。现有政策并未对综合考虑因素的具体标准做出明确的规定，[①]现有民办学校的资产清算和评估机制也不完善，导致相关的历史数据缺乏，数据的可信度有待进一步的考证，[②]因此是否按照新《民促法》的时间进行设定需要进一步明确。对于不予补偿与奖励的情况，除上海市、云南省做出明确规定外，其他省级政府并未出台相关规定。此外，新《民促法》《国务院三十条》以及已颁布的省级政策文本都认同补偿与奖励金来源于被授权民办学校依法清偿后的剩余财产，但是上述民办学校的财产依法清偿后并未剩余或剩余值为负数，是否还能获得补偿与奖励？此类情形尚未明确。

（二）选择登记中补偿与奖励政策的具体问题

选择登记中补偿与奖励政策的具体问题除了分类登记中关于补偿与奖励制度之间的规定界限模糊不清之外，还缺乏对两个方面的区别设置，也缺乏对于补偿领域与奖励领域中过渡期限、范围与条件、考虑因素、具体核算方法、程序等因素的明确规定。

第一，补偿原则、范围、标准、方式、程序等不明确。民办教育新法新政虽然规定“给予出资者相应的补偿或者奖励”，但至于什么是“相应的”，省级政策文本中未做出具体解释，也没有对补偿范围、补偿标准以及核算方法的明确、具体、详细的规定。补偿规定的不统一，极易导致各省级政府制定的实施细则与办法存在差异，从而出现补偿与奖励具体政策执行中的不公

---

① 魏聪，林榕，王蕾，等．新政背景下民办教育改革的焦点、亮点及难点[J]．高等理科教育，2018(4)：39-47+68.

② 吴华，章露红．《民办教育促进法》修法决定中“补偿奖励条款”研究[J]．复旦教育论坛，2017(5)：23-27+105.

平现象。此外，资金来源的设置还需进一步细化，对于选择登记前，未提取回报也未经过合法增资审批手续的结余积累的处置问题还需进一步地明确。在补偿程序方面，省级政策文本对此几乎是一句话带过，缺乏具体补偿操作流程，程序空白极易造成权力的滥用和寻租。补偿的争议解决方面，国家及省级层面的法律政策亦未涉及，既未规定争议解决程序，也未规定救济途径。这既不利于行政补偿争议的合理解决，也不利于对行政补偿权力行使的监督。

第二，奖励主体、等级、方式、范围、程序等不明确。民办教育新法新政并未明确奖励主体，由谁来受理奖励申请，由谁发放奖励都不确定，这致使奖励的授予存在着较大的随意性，在实践中缺乏可操作性。奖励授予的范围、标准、核算方法规定不具体，奖励的资金来源不明确，极易导致奖励授予不公现象，从而影响奖励的作用与价值。奖励程序不明确，未设置行政相对人依法申请奖励的具体程序，对申请奖励的形式、方法和期限等要素缺乏具体规定，可能致使行政主体难以依法奖励，相对人接受奖励的合法权益也难以保障。新《民促法》中并未对奖励能否提起行政复议或行政诉讼做出规定，这显然不利于保障相对人的合法权益，也不利于监督行政奖励权力的行使。

五、选择登记为非营利性民办学校的补偿与奖励制度的基本思考

"补偿奖励条款"是在法律层面对现有民办学校清算后剩余财产处置做出的明确法律规范，如果缺乏对其进行合理的制度设计，将使民办学校分类管理新政面临巨大的政策风险。[①] 现如今我国选择登记中补偿与奖励制度建设还处于初始阶段，亟须进一步落地落细。

---

① 吴华，章露红.《民办教育促进法》修法决定中"补偿奖励条款"研究[J].复旦教育论坛，2017(5)：23-27+105.

（一）选择登记中的过渡期限之完善

省级政策文本中明确的过渡期限的长短问题是选择登记中的一个重点问题。各民办学校处于一种新旧法律衔接的法律真空状态下，过渡期过长容易引发各种隐患，但期限过短时相关审核认定工作又难以完成，因此若想高效且平稳地完成学校登记转型的工作，设置恰到好处的过渡期限至关重要。根据对省级政策文本过渡时间节点、过渡期限设置的总结情况来看，过渡期限设置为 5 年的省级政策文本占比最多，得到了大多数省级政府的广泛认同，并且与最短过渡时间 1 年与最长过渡时间 7 年相比，5 年的过渡时间长度适中，因此将现有民办学校重新登记的过渡期设置为 5 年左右较为合理，这也是当前多数学者关于政策空窗期不宜过长、举办者做出选择登记决定所需时间以及过渡性登记转型程序所需时间等的综合考虑，并在相关研究的访谈中获得办学者较高认同的过渡期限。[①] 此外，考虑到不同学校所面临的具体、特殊情况，可经民办学校举办者或出资者申请，政府主管部门审查通过后适当延期。

（二）选择登记中的补偿制度之完善

第一，明确补偿的原则。确立正确的行政补偿原则，是促使行政相对人的受损利益得到切实保障的基础。明确补偿的原则是落实补偿政策的首要问题，并在补偿原则的指导下开展补偿工作。首先，要明确依法补偿原则。在新《民促法》和《国务院三十条》相关规定的指引下，依法明确补偿主体、补偿对象、补偿范围及程序，保证选择登记的补偿实施有法可依。其次，要明确公平适当补偿原则。在补偿相对人的损失时，补偿额度应与相对人的权益损害相平衡。再次，要明确及时补偿原则。在补偿制度的规定中，设置明确的补偿期限，保证相对人能及时得到补偿。最后，明确公开补偿原则。在补偿的过程中公开补偿决定及其法律依据，依法保障相对人获得救济的机会

---

① 李虔，卢威．民办学校分类管理十大未决问题探析[J].中国教育学刊，2018（8）：5-12.

与权利。

第二，明确补偿的范围、标准及方法。有学者指出，“为了防止公共利益的外延扩大到不必要的领域，界定公共利益范围的权力应当予以法律保留”①。基于新《民促法》和《国务院三十条》的相关规定，各省级区域需因地制宜地确立合理的补偿标准，进一步明确“不予补偿”的情形。而设置的补偿核算公式及标准则应当符合公平正义的法治理念，因此，各省（市、区）政府应依照相关法律法规规章，明确关于补偿的综合考虑因素中的出资、取得合理回报情况，对出资者原有出资以及取得合理回报的实际损失进行核算，并参照上海市、云南省的做法，提供可供参考的计算标准与方法，制定翔实的计算方案。

第三，明确补偿的程序。行政补偿本身包括了严格的程序步骤，行政相对人补偿的权益是否能够得到保证，绝大程度上取决于严谨有效的系列环节。根据新《民促法》和《国务院三十条》的相关规定，选择登记中的补偿应当属于依申请而启动，主要包括以下五个环节。其一，申请。此为启动行政补偿的第一个环节，由受损的相对人向有关行政机关提出补偿申请，制度上要进一步明确申请资格、申请条件和申请材料等。其二，受理与审查。有权的行政机关根据申请人的申请，首先判断其是否符合受理条件，不符合则退回申请，符合则进行补偿的实质审查。其三，听取意见。有权的行政机关依法通知申请人初步审查结果及补偿决定后，应当听取申请人陈述意见。其四，协商。申请人对补偿金额及方式有异议，可以与有权行政机关进行协商，在法律法规允许的范围内达成双方都能接受的补偿协议。其五，做出决定。如果出现补偿协议无法达成的情况，须由行政机关依法直接做出行政决定。行政相对人不服的，可以通过行政复议和行政诉讼维护自身的合法权益。

第四，完善补偿救济措施与机制。完善对补偿决定的争议解决机制，包

① 唐丽秋．行政补偿概念问题研究——以一个私权保障的视角[J]．法制与经济，2006（3）：54-55.

括对补偿标准、金额等存在的争议，避免行政补偿权力的滥用，并通过相应救济方式保障相对人的合法权益。

（三）选择登记中的奖励制度之完善

第一，明确奖励原则及等级。行政奖励应该确立符合其性质、特征的基本原则。基于行政奖励的这一特性，选择登记这一领域中的奖励实施，应当符合利益原则、奖励与行为相当原则、受奖励权利平等原则，保证行政奖励的权威性和公平性。在奖励的等级方面，奖励的内容是行政主体通过奖励行为赋予相对人的权益。既不能降低标准，也不能擅自提高标准。各省级区域应当根据出资者的具体行为对应不同程度的奖励等级与形式，注重提高奖励的质量，切实起到奖励的引导作用。此外，由于奖励的范围是决定相对人的行为能否受到奖励的有效依据与客观要件，因而各省级区域应在奖励制度中明确各种具体行为对应的奖励程度，确定奖励的标准；明确不予奖励的情况，保证奖励的效果。

第二，明确奖励计算方法，设置适当的奖励额度。参照《上海市民办学校分类许可登记管理办法》的相关规定，以“奖励金额最高不超过清偿后的剩余财产扣除财政扶持和社会捐赠形成的资产以及补偿后的金额”为主要依据，根据奖励的综合考虑因素，即分类管理后民办学校办学效益等因素，按照其办学效益的实际情况设计可供参考的计算标准。参照云南省奖励计算公式，更加细致地设计相关奖励计算方案，将历年年度检查的结果设置为“优秀”“合格”“不合格”三个不同批次的调节系数加以折算，保证奖励的等级与质量。此外，过渡期结束后，对不要求取得补偿的非营利性民办学校，可以按照审计后的办学结余情况确定奖励办法。

第三，明确奖励的程序。公正合理的程序是法治的应有内涵。公正高效实施选择登记中的奖励，需明确申请的相关程序。其一，公开奖励事项。有权行政机关应及时向社会公开奖励条件与要求，便于符合条件的民办学校出资者了解并及时申请。其二，申请奖励。民办学校出资者认为自己符合奖励条件的，向有权行政机关申请奖励。其三，审查资格。由接受申请的有权行政机关客观公正地对照审查，并决定是否批准。其四，公示奖励结果。奖励结果在批准后须向社会公示，其间，若奖励对象或者利害关系人，对奖励结果不服可向有权行政机关提出异议，行政机关依法公布对异议审查的结果。其五，正式公布奖励结果。整个奖励程序流程结束后，奖励才算正式生效。

第四，设置奖励救济的途径。当民办学校出资者或利害关系人，认为自己的合法权益受到侵犯时，可以选择相应的救济途径，以保护行政相对人的合法权益。建立奖励实施的监督机制，加强群众监督，充分发挥其监督的实效性、广泛性，通过举报、诉讼等途径更好地维护奖励公正实施，并对奖励实施中的违法行为进行督查问责。

余 论

基于复合多视角的基础研究，在界定民办高校董事会独立性内涵及相关理论研究的基础上，本研究认为，应当建立健全董事会独立性生成制度和配套制度和制度环境，并综合董事会章程、生成制度（独立董事制度、党组织参与决策制度、举办者相关制度）、配套制度（独立监事制度、信息公开制度）和制度环境中各制度之间的耦合性、协同性，可以有效保障董事会整体独立决策和董事个人独立行权的制度价值。

在增强民办高校董事会独立性研究中，主要观点为：第一，董事会是民办高校内部治理的核心，在民办高校决策和监督中发挥着根本性作用。董事会发挥作用的大小同董事会的独立性密切相关，可以说董事会的独立性是董事会发挥作用的“灵魂”。第二，民办高校董事会独立性研究的理论来源于公司董事会独立性研究。民办高校董事会的独立性，应当表现在两个方面，一个是董事会的整体独立，另一个是董事会独立董事的独立。董事会的独立性是指董事会作为一个独立的行为主体，在决策过程中所体现出来的公正、不偏颇于任何一方利益的价值取向。第三，利益相关者理论、委托代理理论、法人治理结构理论、资源依赖理论、公共责任理论等，从非营利性民办高校董事会内部治理的治理目标、治理主体、治理方式、治理机制、治理资源，以及董事会独立性保障的内部生成、内部配套和外部制度环境等方面提供了全面的理论支撑。第四，在民办高校引入和建立独立董事制度，建立和完善举办者参与相关制度以及党组织参与决策制度对董事会独立性的内部生成至关重要，可以全面重构董事会组成人员，进一步优化决策机制，从根本上保证董事会独立性从内部生成。第五，在民办高校引入独立监事制度，是建立健全对决策机构监督机制的核心制度，尤其是增强民办高校董事会独立性的基础和前提，是民办高校董事会独立性的内部配套的重要制度之一。建立健全民办高校信息公开制度，从民办高校内部治理需要出发，是建立健全对决策机构监督机制的关键制度，尤其是对增强民办高校董事会独立性不可或缺。第六，分类管理背景下，“新法新政”中确立的董事会独立性价值取向，有一系列宏观政策与制度架构支撑，未来也需要更多具体性的制度加持。在宏观层面的民办教育法治、中观层面的分类管理政策和微观层面的过渡阶段制度等方面形成的外部制度环境，与董事会独立性生成及其配套制度落地息息相关，是董事会独立性作为系统的外部重要影响因素。

值得注意的是，分类管理背景下，民办高校分为营利性民办高校和非营利性民办高校两种类型。在本研究中，尽管概括确定研究民办高校董事会独立性，但是仍然主要偏向于对非营利性民办高校董事会独立性的研究，主要原因在于营利性民办高校董事会独立性，介于非营利性民办高校董事会独立性与作为营利法人的公司董事会独立性之间，分别处于教育的公共性的最强与最弱两端，通过民办高校董事会独立性反映出来并予以一定程度的保障。在已有的公司法人董事会独立性可参照，且本研究侧重非营利性民办高校董事会独立性探讨之下，不难界定或设计营利性民办高校董事会的相关制度。

面向未来，在教育高质量发展的新阶段，民办高校治理现代化是教育治理现代化的重要内容。从根本上来说，民办高校董事会独立性，是民办高校治理中政治权力、决策权力、行政权力、学术权力和民主监督权力之间博弈的结果，影响民办高校董事会独立性的因素很多。与公办高校主要由政府举办不同，民办高校由除政府之外的其他组织举办，这个举办主体的不同，实际上基本决定了公办高校和民办高校的结构的不同，也即民办高校内部治理中各种权力分支的产生、分配、行使和制约等的不同。因而，对民办高校而言，其举办者仍然是民办高校内部治理水平的重要影响因素，也是民办高校独立性背后值得进一步深入研究的关键课题。

显然，在后续民办高校董事会独立性深化或延展性研究中，民办高校举办者的法律地位研究是核心内容之一。尽管本研究中已经涉及一部分关于民办高校举办者的研究，但是只能算是初步探索。民办高校举办者在法律上的地位，最终将在实践层面和法律层面对未来民办高校董事会独立性具有根本性的影响。众所周知，民办教育的分类管理是民办教育领域各利益相关主体的重大利益调整，举办者是整个民办高校治理中最重要的利益相关主体之一。举办者的法律地位也是民办高校举办者利益的最直接的反映和最重要的依据。从宏观层面看，民办高校举办者的法律地位是否清晰，与民办高校分类管理改革及民办高等教育高质量发展密切相关。

不难理解，明晰和确立民办高校举办者法律地位，夯实制度根本，可以坚定举办者对分类管理改革预期。在分类管理的改革背景下，与举办者法律地位相关的诸多新旧制度安排叠加，难以与过渡阶段平稳、有序、可持续发展的要求相适应。亚当·斯密的劳动交换经济理论认为，人的行为动机受物质利益的支配。举办者是推动民办教育事业发展的重要力量，也是民办教育改革发展的内部决定性因素。在民办高校的办学管理中，举办者不仅是出资者或捐赠者，还充当着学校主要办学管理者的重要角色。举办者可以充分运用组建和控制决策机构的权力安排亲属或其他代表进入决策机构，影响或控制决策机构的表决权，还安排亲属担任关键岗位的职务，进而全面控制民办高校的办学与管理。

在实践中，如果民办高校的举办者的社会需要和精神需要得不到满足，基于投资办学的动机不可避免会引发其过度控制学校等利己性行为，主要表现为抽逃办学资金、不过户资产、改变土地用途，以及通过非法关联交易获益、侵占学校财产等。显然，其中多数行为处于法律的灰色地带，或者已涉嫌违法犯罪。尤其是分类管理新法新政背景下，受到国家监管部门和社会各界高度关注的一些大型民办教育集团，通过“VIE 模式”在境外资本市场上市，其所控制的学校与上市主体之间进行的购买服务关联交易已进入大众视野，这与现行分类管理新法新政相悖，极易产生刑事法律风险。新《民促法》文本中二十次提及“举办者”，可以看出举办者是民办高校的重要利益相关者，其法律地位及其权责配置对新政策的平稳有序过渡及实施效果有着直接的影响。尤其是举办者担心政策会从整体上对办学决策监管更加严格，极大削弱其办学控制权，同时增加管理成本、掣肘学校持续发展。

对于非营利性民办高校而言，新《民促法》第十九条之规定已明确，举办者选择登记为非营利性民办高校之后，就不得获取办学收益。在分类管理新法新政之下，对非营利性民办高校的严格监管的政策趋势，使举办者继续通过合法关联交易等手段获得利益回报的难度也大大增加。显然，非营利性民办高校举办者也不享有剩余财产索取权，该整体制度设计也直接使一些民办高校举办者对于选择登记为非营利性民办高校疑虑重重。如果选择登记为营利性民办高校，政府在财政、土地和税收等政策上与非营利性民办高校的差异扶持，使办学成本大大上升，生存与发展的竞争压力陡升，未来高校发展面临巨大的风险。

在分类管理实施的过渡阶段，举办者面临现有选择登记营利性或非营利性民办高校政策的“两难”。选择登记的过渡时期，一些举办者非理性化的惯性利益驱动下的违法违规行为，可能促使高校办学面临重大风险或举办者触犯刑事法律，即便在过渡阶段结束后的很长一段时期，由于举办者“逐利”的惯性而导致的违法违规风险也同样可能是阻碍民办高校改革发展的重大风险。显然，如何从规范、实践到借鉴等多个层面勾勒、明晰和绘就民办高校法律地位图景，有效防范和化解民办高校举办者的法律风险，是民办高校分类管理过渡阶段平稳、有序、可持续发展的关键所在。

很容易看出，清晰和确立民办高校举办者的法律地位，稳固规范根基，可以支撑分类管理可持续发展。当前，坚持民办教育公益性原则，加快推进规范、常态、高质量发展是建设高质量教育体系的重要内容。在民办教育分类管理新法新政的实施过程中，涉及办学决策、执行和监督的一些制度设计对举办者控制权形成制约。例如，强制性建立党组织及其负责人，建立对决策机构的监督机制，对举办者和董事会的决策权形成了有力的制约；学校关键管理岗位实行亲属回避制度，以及财政扶持民办教育发展的资金要纳入预算，并向社会公开，接受审计和社会监督，禁止实施义务教育的民办学校进行关联交易，对举办者和校长管理权的行使形成强有力的约束。

实践中，前述相关规定在很大程度上被理解为对举办者控制权的“剥夺”，举办者很难理性地从两类民办高校发展的实际需要和国外相关实践视角去理解。其实，新《民促法》对合法关联交易持开放态度，主要反映在教育部2020年10月14日发布的《关于政协十三届全国委员会第三次会议第3379号（教育类343号）提案答复的函》（教发提案〔2020〕132号）中，进一步在民办高校过渡期管理，规范非营利性民办高校关联交易，公平对待非营利性和营利性民办高校，完善民办高校法律政策体系和简化举办者变更相关审批手续五个方面做出回应，这在一定程度上回应了举办者诉求和提振了举办者信心。其中特别指出在新修订的《民促法实施条例》中，除实施义务教育的民办学校之外的其他民办学校在公开、公平、公允和不得损害学校利益前提下，可以进行关联交易，该建议反映出尊重与维护民办高校举办者权益的政策导向。

其实，现行法律法规中民办高校关联交易的制度安排，在保障民办高校举办者权益的同时，也极易造成对民办高校法人权益的侵害。显然，民办高校举办者的相关法律制度与政策是改革的关键，尤其是在民办教育分类发展阶段，如何通过民办教育分类管理系列配套法规与政策进一步增强现有规定的适应性，进一步明晰民办高校举办者的法律地位，明确其主要的权利义务，激发举办者参与治理的积极性，直接关涉到未来民办教育的高质量发展。

总之，民办高校董事会独立性研究，仅仅是笔者在该领域的一个起步探索和粗浅研究。既不能停留在非营利性民办高校董事会独立性研究上，也不能在已有展示出来的面上浅尝辄止，更需要对营利性民办高校、非营利性民办高校董事会独立性和民办高校自主性等主题更加深入的研究，以及包括举办者法律地位在内的董事会章程、董事长制度、决策与执行的关系等方面更加具体的研究。也唯有如此，本研究的初步探索才能算是真正务实和落地，以期为民办高等教育高质量发展贡献应有的力量。

参考文献

一、中文著作类

[1] 周海涛等．中国教育改革开放40年（民办教育卷）[M]. 北京：北京师范大学出版社，2019.

[2] 眭依凡．大学校长的教育理念与治校 [M]. 北京：人民教育出版社，2001.

[3] 王一涛．民办高校的内部治理与国家监管——基于举办者的视角 [M]. 北京：中国社会科学出版社，2019.

[4] 刘永林．民办学校独立董事制度研究 [M]. 北京：中国政法大学出版社，2019.

[5] 薛波．元照英美法辞典 [M]. 北京：法律出版社，2003.

[6] 邹瑜，顾明．法学大辞典 [M]. 北京：中国政法大学出版社，1991.

[7] 左然．中国现代事业制度建构纲要——事业单位改革的方向、目标模式及路径选择 [M]. 北京：商务印书馆，2009.

[8] 王利民．人的私法地位（第二版）[M]. 北京：法律出版社，2013.

[9] 张春生．中华人民共和国民办教育促进法释义 [M]. 北京：法律出版社，2003.

[10] 刘亚平．走向监管国家——以食品安全为例 [M]. 北京：中央编译出版社，2011.

[11] 许安标，刘松山．《中华人民共和国民办教育促进法》释义及实用指南 [M]. 北京：中国民主法制出版社，2003.

[12] 湛垦华．系统科学的哲学问题 [M]. 西安：陕西人民出版社，1995.

[13] 张明杰．开放的政府——政府信息公开法律制度研究 [M]. 北京：中国

政法大学出版社，2003.

［14］吴永明．当代高校学生申诉制度探析［M］. 北京：人民出版社，2010.

［15］中共中央文献编辑委员会．邓小平文选（第二卷）［M］. 北京：人民出版社，1994.

二、外文译著类

［1］西奥多·W. 舒尔茨．论人力资本投资［M］. 吴珠华，等，译．北京：经济学院出版社，1990.

［2］弗朗西斯·福山．国家建构：21 世纪的国家治理与世界秩序［M］. 北京：中国社会科学出版社，2007.

［3］伯尔曼．法律与革命——西方法律传统的形成［M］. 贺卫方，译．北京：中国大百科全书出版社，1993.

［4］道格拉斯·C. 诺思．制度、制度变迁与经济绩效［M］. 杭行，译．上海：格致出版社、上海三联出版社、上海人民出版社，2014.

［5］杰克·奈特．制度与社会冲突［M］. 上海：上海人民出版社，2017.

三、中文论文类

［1］潘懋元，吴华，王文源，等．中国民办教育四十年专题笔谈［J］. 华南师范大学学报（社会科学版），2018（6）.

［2］周海涛，施文妹．完善民办高校法人治理结构的难题与策略［J］. 江苏高教，2015（4）.

［3］周海涛，闫丽雯．支持和规范社会力量兴办教育的新作为［J］. 教育与经济，2019（1）.

［4］王文源．中国民办学校组织化建设探讨［J］. 教育发展研究，2005（24）.

[5] 马怀德，林华．高校信息公开在中国：历史溯源、文本解读与制度展望[J]．国家教育行政学院学报，2014（7）．

[6] 阎凤桥，林静．商业性的市民社会：一种阐释中国民办高等教育特征的视角[J]．教育研究，2012，33（4）．

[7] 王洪才．论现代大学制度的结构特征[J]．复旦教育论坛，2006（1）．

[8] 湛中乐，苏宇．论政府信息公开排除范围的界定[J]．行政法学研究，2009（4）．

[9] 钟秉林．民办教育发展步入新阶段[J]．中国教育学刊，2017（3）．

[10] 李虔，卢威．民办学校分类管理十大未决问题探析[J]．中国教育学刊，2018（8）．

[11] 李虔．民办学校分类管理推进难点与破解路径[J]．四川师范大学学报（社会科学版），2019（2）．

[12] 徐绪卿．贯彻落实《民办教育促进法》新法的若干思考[J]．复旦教育论坛，2017（2）．

[13] 徐绪卿．关于贯彻落实《民办教育促进法修正案》五大热点问题的思考[J]．浙江树人大学学报（人文社会科学版），2017（6）．

[14] 方建锋．推进民办学校分类管理中面临的瓶颈问题分析[J]．复旦教育论坛，2018（2）．

[15] 王一涛，刘继安．中国民办高校董事会规范结构和行为结构偏差的实证分析[J]．复旦教育论坛，2015（4）．

[16] 王一涛．我国民办高校创办者群体特征及其政策启示[J]．高等教育研究，2014，35（10）．

[17] 王一涛，徐绪卿，宋斌，等．非营利性民办学校举办者权益的合理保护[J]．中国教育学刊，2017（3）．

[18] 史少杰，周海涛．非营利性民办高校内部治理权力制衡分析 [J]. 现代教育管理，2018（1）.

[19] 董圣足．民办高校法人治理结构构建与思考——基于上海建桥学院的个案分析 [J]. 教育发展研究，2006（22）.

[20] 董圣足．民办学校“关联交易”的规制与自治 [J]. 复旦教育论坛，2018（4）.

[21] 董圣足．浅论民办高校监督制度的构建 [J]. 教育与职业，2010（2）.

[22] 董圣足．我国民办教育治理制度：变革与创新 [J]. 华东师范大学学报（教育科学版），2017（6）.

[23] 刘永林，杨小敏．非营利性民办学校权益保护的基石、核心与关键 [J]. 浙江树人大学学报（人文社会科学版），2018（2）.

[24] 刘永林，周海涛．统筹破解民办高校用地用房的制度性瓶颈 [J]. 复旦教育论坛，2019（2）.

[25] 王斌．论董事会独立性：对中国实践的思考 [J]. 会计研究，2006（5）.

[26] 王丽芳，赵晓康．论公司治理对企业技术创新的影响 [J]. 河北学刊，2012（2）.

[27] 余玉苗，周莹莹，潘珺．聘请退休政府官员背景独立董事给上市公司带来好处了吗？ [J]. 经济评论，2015（1）.

[28] 郑志刚，吕秀华．董事会独立性的交互效应和中国资本市场独立董事制度政策效果的评估 [J]. 管理世界，2009（7）.

[29] 胡朝晖．关联并购中董事会独立性与收购公司的股东价值分析 [J]. 南方金融，2012（12）.

[30] 金桂苑．国企董事会建设的障碍——上海国资系统的调查研究 [J]. 上

海市经济管理干部学院学报，2008（3）.

[31] 郭建如.多样与趋同：我国民办高等教育发展特征研究 [J].教育发展研究，2008（8）.

[32] 李健.董事会独立性分析 [J].清华大学学报（哲学社会科学版），2000（3）.

[33] 张文国.我国民办学校董事会制度的缺陷及完善——从中外比较的视角分析？[J].广西政法管理干部学院学报，2013（2）.

[34] 汪明.美国私立高校董事会制度的特征及启示 [J].黄河科技大学学报，2009（5）.

[35] 袁东敏.西方教育市场化理论对我国高教体制改革的启示 [J].邵阳学院学报，2005（3）.

[36] 程昔武，朱小平.非营利组织治理结构：特征分析与框架构建 [J].审计与经济研究，2008（3）.

[37] 金成，王华.经济回报、权力获得与自我实现——我国民办高校举办者办学动机探究 [J].教育发展研究，2016（21）.

[38] 魏莎，黄珺.独立董事职能研究综述 [J].财会通讯，2015（34）.

[39] 祝爱武.高等教育办学主体结构调整的策略选择 [J].现代教育管理，2014（4）.

[40] 王华，王德清.民办学校举办者利益诉求与国家需要的矛盾及化解路径 [J].中国教育学刊，2017（3）.

[41] 潘奇，董圣足.VIE 架构在教育领域的应用、问题及其对策 [J].教育发展研究，2018，38（5）.

[42] 魏晓莉.民办非企业单位举办者权益相关问题研究 [J].对外经贸，2019（10）.

[43] 程楠．“民非”为何变身“社会服务机构”——访民政部民间组织管理局副局长黄茹 [J]．中国社会组织，2016（9）．

[44] 安杨．我国民办教育政策法制建设60年 [J]．北京教育学院学报，2009（6）．

[45] 贺武华，高金岭．高等教育发展的制度变迁理论解释 [J]．江苏高教，2004（6）．

[46] 陶恒河．民办学校举办者身份及出资份额依法不能继承 [J]．人民司法，2012（10）．

[47] 高馨，孙颖，朴雪涛．非营利性民办高校内部治理结构的问题及对策 [J]．浙江树人大学学报（人文社会科学版），2020（3）．

[48] 季卫东．法律程序的形式性与实质性——以对程序理论的批判和批判理论的程序化为线索 [J]．北京大学学报（哲学社会科学版），2006（1）．

[49] 王旭，王志洲．民办高校财务风险的防范及其规避——基于辽宁的调查研究 [J]．教育科学，2014（5）．

[50] 菲利普·阿尔特巴赫．民办高等教育：从比较的角度看主题和差异 [J]．新华文摘，2001（3）．

[51] 李福华．利益相关者理论与大学管理体制创新 [J]．教育研究，2007（7）．

[52] 贾咏梅．民办高校党组织参与重大决策机制的调查分析 [J]．学校党建与思想教育，2016（18）．

[53] 杨炜长．完善民办高校法人治理结构的现实思考 [J]．高等教育研究，2005（8）．

[54] 李勤，钟建芳．制度视域下的我国民办高校法人治理结构分析 [J]．黑龙江高教研究，2014（9）．

[55] 李明辉 . 论上市公司独立监事制度 [J]. 河北法学，2005（10）.

[56] 李明辉 . 对完善上市公司独立监事制度的思考 [J]. 理论学刊，2005（7）.

[57] 刁玉华 . 民办高等学校管理问题探析 [J]. 郑州大学学报（哲学社会科学版），2010（4）.

[58] 齐英程 .“分类管理”背景下营利性民办学校的治理结构设计 [J]. 中国教育学刊，2019（7）.

[59] 陈文联 . 构建民办高校法人共同治理结构的现实思考 [J]. 国家教育行政学院学报，2009（7）.

[60] 钟建芳 . 关于建立民办高校监事会初探 [J]. 辽宁行政学院学报，2014（3）.

[61] 王英，金保华 . 民办高等学校监事会制度研究 [J]. 北京教育（高教版），2013（12）.

[62] 王世权，宋海英 . 上市公司应该实施独立监事制度吗？——来自中国证券市场的证据 [J]. 会计研究，2011（10）.

[63] 赵玉意 . 建立我国独立监事制度的构想 [J]. 安庆师范学院学报（社会科学版），2008（11）.

[64] 戴立新 . 监督，从独立监事破题 [J]. 董事会，2013（4）.

[65] 尹晓敏 . 高校信息公开：从学术、立法到机制的逻辑 [J]. 现代教育科学，2010（4）.

[66] 尹晓敏 . 构建民办学校学生合法权益的保障机制 [J]. 浙江树人大学学报（人文社会科学版），2009（1）.

[67] 杜志宏 . 论我国民办高校的信息公开问题——基于百所民办高校官网的分析 [J]. 浙江树人大学学报（人文社会科学版），2015，15（3）.

[68] 张龙燕．民办高校信息公开的意义及其实现策略：福建为例 [J]．浙江树人大学学报（人文社会科学版），2017，17（3）．

[69] 牛霖霖，徐一婷，张纯娜．民办高校信息公开制度研究 [J]．现代经济信息，2017（22）．

[70] 黄月云，唐宁．政府资助与民办高校财务信息公开的博弈论分析 [J]．会计师，2015（6）．

[71] 施彦军，陈俊源．当代高校信息公开法治化建设：价值分析、现实困境与突破路径 [J]．黑龙江高教研究，2019，37（12）．

[72] 于熠．高校信息公开与程序法定——探究保障学生权利救济机制之完善 [J]．东北大学学报（社会科学版），2013，15（3）．

[73] 郭兆红．治理体系中高校信息公开的阻滞因素及破解——基于利益相关者理论 [J]．江苏高教，2017（9）．

[74] 李云驰．美国、英国政府信息公开立法的比较与借鉴 [J]．国家行政学院学报，2012（3）．

[75] 高杭．教育行政执法协同性研究 [J]．行政科学论坛，2016（8）．

[76] 刘熙．民办高校章程建设的制度基础与问题反思 [J]．浙江树人大学学报（人文社会科学版），2014，14（5）．

[77] 刘晓雯，冀益萍．中职学校法制教育模式存在的问题及改进措施 [J]．职业技术教育，2016（20）．

[78] 沈剑光．民办教育发展的战略转型与政策应对 [J]．教育研究，2009（8）．

[79] 唐诗蕊，魏志春．供给侧改革背景下民办教育分类管理政策困境与路径 [J]．现代教育管理，2018（4）．

[80] 劳凯声．“依法治教”是推动教育改革与发展的重要力量 [J]．人民教

育，2014（21）.

[81] 刘文香．国内教育清单管理研究综述 [J]. 教育导刊，2018（11）.

[82] 刘朝武．青少年法治教育现状及问题研究——以 S 市部分中小学为例 [J]. 法制与社会，2017（16）.

[83] 阙明坤，陈春梅．民办教育新法新政解读及其影响分析 [J]. 教育与职业，2018（5）.

[84] 宋宏福．民办高校教师权益保障问题探析 [J]. 当代教育论坛（综合研究），2010（12）.

[85] 章露红．地方民办教育新政：创新空间、边界与重要议题 [J]. 教育发展研究，2017（17）.

[86] 吴华，章露红．《民办教育促进法》修法决定中“补偿奖励条款”研究 [J]. 复旦教育论坛，2017（5）.

[87] 吴华．我国民办教育发展的地方政策主导模式分析 [J]. 教育发展研究，2009（8）.

[88] 吴霓，王帅．新时代民办教育改革发展的制度体系与重点策略 [J]. 教育研究，2018（6）.

[89] 冯生尧，谢瑶妮．扎根理论：一种新颖的质化研究方法 [J]. 现代教育论丛，2001（6）.

[90] 陈向明．扎根理论的思路和方法 [J]. 教育研究与实验，1999（4）.

[91] 魏聪，林榕，王蕾，等．新政背景下民办教育改革的焦点、亮点及难点 [J]. 高等理科教育，2018（4）.

[92] 李明耀，王如彬．新《立法法》实施背景下地方立法存在的问题及建议 [J]. 地方立法研究，2017（3）.

[93] 王鄄．地方立法要力戒照搬上位法 [J]. 人大研究，2003（12）.

[94] 俞祺．重复、细化还是创制：中国地方立法与上位法关系考察 [J]．政治与法律，2017（9）．

[95] 赵斌．行政奖励法治的规制缺失与完善路径——基于两个案例的思考 [J]．铁道警官高等专科学校学报，2010（4）．

[96] 黎慈．从“华南虎照”案看行政奖励的程序规制 [J]．四川行政学院学报，2009（1）．

[97] 唐丽秋．行政补偿概念问题研究——以一个私权保障的视角 [J]．法制与经济，2006（3）．

四、学位论文

[1] 王静．董事会独立性、内部薪酬差距与企业绩效 [D]．太原：山西财经大学，2018.

[2] 史佳佳．董事会独立性、反腐败与代理成本 [D]．蚌埠：安徽财经大学，2018.

[3] 刘曼琴．董事会独立性与公司绩效的国际比较研究 [D]．长沙：湖南大学，2002.

[4] 刘炯．企业高管薪酬决策评价体系及其应用研究 [D]．长沙：湖南大学，2011.

[5] 郑晓倩．董事会特征对企业风险承担的影响研究 [D]．南京：南京师范大学，2016.

[6] 陈佳媛．我国上市公司独立董事职能发挥的现实困境及其制度克服 [D]．绵阳：西南科技大学，2017.

五、外文文献

[1] Clark Kerr,Marian L.Gade.The Guardians:Board of Trustees of American Colleges and Universities[M].Washington,D.C.:The Association of Governing Boards of Universities and Colleges,1989.

[2] Mizruchi,M.S.Who Controls Whom? An Examination of the Relation between Management and Board of Directors in Large American Corporation[J].Academy of Management Review,1983（8）.

六、其他

[1] 莫纪宏．宪法如何在我们的社会生活中来发挥它应有的社会功能 [R].北京：首届中国十大中青年法学家论坛，2005-01-14.

[2] 戴维·M. 沃克．牛津法律大辞典 [A]. 北京：光明日报出版社，1988.

[3] 章露红．贯彻“民促法”新法新政地方配套政策的重点与亮点 [N]. 人民政协报，2017-07-12.

后 记

本书系2017年度国家社科基金教育学一般课题“非营利性民办高校董事会独立性保障机制研究”（BIA170173）的主要成果，也是课题组旨在系统探讨非营利性民办高校董事会独立性保障机制的倾力之作。

全书由我总负责，撰写修改、统稿和定稿，刘玉娟、胡爽、张晓彤、左伊妍等参与个别章节的相关课题研究工作。

刘永林

2023年9月